知识产权革命

〔日〕荒井寿光 著

夏 雨◎译

磐安知识产权教育基金会
清华大学法学院知识产权法研究中心 组织翻译

知识产权出版社
全国百佳图书出版单位

图书在版编目（CIP）数据

知识产权革命/（日）荒井寿光著；夏雨译. —北京：知识产权出版社，2017.1
（2022.3 重印）

ISBN 978 - 7 - 5130 - 4660 - 2

Ⅰ.①知… Ⅱ.①荒…②夏… Ⅲ.①知识产权法—研究—日本 Ⅳ.①D931.33

中国版本图书馆 CIP 数据核字（2016）第 314642 号

内容提要

本书从日本特许厅厅长的视角出发，从机构设置、国家政策、具体事实等方面结合日本实际情况，全面介绍了日本知识产权战略推进的历程。本书对我国知识产权强国建设具有一定的参考和借鉴作用。

责任编辑：卢海鹰 王玉茂　　　　　责任校对：王 岩

封面设计：张 冀　　　　　　　　　责任出版：刘译文

知识产权革命

ZHISHI CHANQUAN GEMING

［日］荒井寿光 著

夏 雨 译

出版发行：知识产权出版社 有限责任公司	网　　址：http://www.ipph.cn
社　　址：北京市海淀区气象路 50 号院	邮　　编：100081
责编电话：010 - 82000860 转 8122	责编邮箱：wangyumao@cnipr.com
发行电话：010 - 82000860 转 8101/8102	发行传真：010 - 82000893/82005070/82000270
印　　刷：北京建宏印刷有限公司	经　　销：各大网上书店、新华书店及相关专业书店
开　　本：720mm×1000mm　1/16	印　　张：7.25
版　　次：2017 年 1 月第 1 版	印　　次：2022 年 3 月第 2 次印刷
字　　数：96 千字	定　　价：30.00 元
ISBN 978-7-5130-4660-2	
京权图字：01-2015-0484	

《知识产权革命》翻译编委会

著者介绍及著作简介

著者介绍

  荒井寿光先生，1944 年 1 月 10 日在日本长野县中野市出生。1966 年 3 月毕业于东京大学法学系，并在美国哈佛大学法学院完成进修。1966 年进入通产省（2001 年 1 月 16 日日本中央省厅改革之后，被改名为经济产业省）后，历任通商政策局国际经济部部长、资源能源公益事业部部长、机器信息产业局次长、防卫厅装备局局长。1996 年 7 月至 1998 年 6 月任特许厅长官，任期届满后，荒井寿光先生回到了通产省工作，任通商产业审议官。但在 2001 年他辞去了通产省工作，亲自参与知识产权评论，推进知识产权立国诸类活动。因为那时，在日本和美国之间发生了"基因间谍事件"，在日本发生了中村修二先生发明的"蓝色发光二极管"诉讼案件。他意识到日本企业对知识产权的认识不足，并为此深感忧虑。

  2001 年 8 月，荒井寿光先生聚集了 11 名志同道合者，开设了知识产权国家战略论坛。在 2002 年 1 月向政府提出了《到 2010 年把日本建成世界第一的知识产权立国的国家》的 100 个建议，并被当时担任日本首相的小泉纯一郎施政方针所接受。2006 年 11 月 20 日荒井寿光先生被任命为内阁官房知识产权战略推进事务局局长。在担任知识产权战略推进事务局局长期间，荒井寿光先生汇总实施了知识产权推进计划等，推进了日本的知识产权立国政策。编著有《知识产权立国》（日刊工业报社出版）和《专利战略时代》（日刊工业报社出版）等书籍。

荒井寿光先生现任世界知识产权组织（WIPO）政策委员，并担任东京理科大学客座教授及东京中小企业投资育成公司的总裁。2014 年 11 月 3 日日本政府授予他瑞宝重光勋章，以表彰他对日本的贡献。

著作简介

《知识产权革命》一书，是著者作为知识产权管理的专家，以个人近半个世纪的实际工作经验，总结了在担任日本特许厅长官期间对日本知识产权现状的调查研究。其在本书中对日本、美国、中国等成功事例予以高度推崇，并对日本、美国、中国等存在的问题提出了警示和自己的见解。

本书从一个崭新的角度向读者展示了知识产权革命思想，分 5 章进行了分析阐述。

所谓知识产权革命首先要从对知识产权认识的差距上寻找。本书第 1 章一开始就明确指出，美国之所以发达是因为从建国之日起就重视专利、重视技术的立国方针。起草美国《独立宣言》的托马斯·杰弗逊、首任美国总统乔治·华盛顿都是狂热的发明迷。第一任的美国专利局长官托马斯·杰弗逊，之后成为美国第三任总统。

其次，著者提出了从案例看世界各国知识产权的战略。如 1981 年日本的日立公司和美国 IBM 公司专利案、早期俄罗斯的人类首次无人人造卫星计划也没能被美国容忍等，其背景是美国对他国专利产品兴起的恐惧所致，后来才会有美国的 FBI 干涉专利案件的情况。

最后，著者将复杂的案例讲得简明易懂。例如中村修二先生（蓝色发光二极管的发明者）的案件，在短短的几页中涵盖了从背景、判例结果、法律的争论点及日本专利法需要修改的内容。其中日本失败的历史教训和日本成功的品牌培育对中国起到非常重要的参考和警示作用。

第 2 章提出了所谓知识产权革命，是指必须处理好知识产权的国际关系。日本正处于"从模仿他人转变为被模仿"的立场。随着全球化持续不断扩大，不再像以前那样开展交战式的保护，而是进行互相公平的竞争，互相协力才是今后的知识产权战略所需要的。

著者还一针见血地指出全世界的国家都在想赶上美国，但是说到技术立国，美国是模范国家。重视专利是美国独立以来的"基因"。关于内容商务（contents business）的振兴与保护，美国也是走在前面的。本书简明扼要地介绍了支撑美国经济增长的信息产业、文化娱乐产业产生的原因，以事实让人信服美国是重视创造、保护知识产权的国家，美国的发达是由美国政府强有力的政策培养出来的。

第 3 章提出了所谓知识产权革命必须增强对内容商务重要性的认识。

什么是内容商务？为什么要提出内容商务？第 3 章中作了简明回答。

2004 年 6 月 4 日，日本国会通过了《有关内容的创造、保护及利用的促进的法律》。但如何实施该法律？内容如何变成商务？在第 3 章中著者介绍了日本、美国从立法、人才培养（与大学和研究所合作）和金融机构、投资家共同进行的产业模式及产业基金集资运用的例子，对准备开始从事内容商务和正在从事内容商务的人来说无疑是非常重要的参考信息。

更重要的是，日本现存的问题是在"制作领域"中。缺乏创造给予青年人制作的机会，人才的发掘不足，新技术的引进也是美国掌握主动权等。为从美国夺回主动权，著者向日本政府提出了四个方面的建议。这些对中国也是难得的提示。

第 4 章提出了所谓知识产权革命必须培养当代的知识产权

专家。

何谓当代的知识产权专家？第 4 章提出了 5 种类型的当代知识产权人才，让人耳目一新。为培养当代的知识产权人才，著者对改革日本的教育现状、提高日本专利代理人的质量以及博士后的有效利用等都提出了自己的见解。日本近年知识产权审定制度的活用也是日本创造和保护知识产权的特色，对读者了解当代日本企业的专利管理方法的演变都是非常重要的资料。

第 5 章提出了所谓知识产权革命必须重新认识从专利开始的知识产权战略。

为此，首先要简化专利申请的手续。在第 5 章中著者介绍说，在其担任特许厅长官初期，日本专利申请从提出之日起到获得审查结果平均需要 6 年多时间，最长需用 9～10 年时间，严重影响了专利产品商品化速度。为了改变这样的状况，著者经过调查研究对 4 种急需专利的对象实施了提前审查制度。利用该制度从提出申请到获得审查结果只要 3 个月左右的时间。这个提前审查制度，不发生任何追加费用，申请手续也简单。可称为日本专利史上一大重要改革。

另外著者还强调说，必须树立取得专利不是最终目标，要不断更新技术的观念。理想的专利是对同一项专利要延长其技术成熟期，减少其技术的衰退期。地方行政组织对在海外申请专利的企业要提供补助金，大学要走出象牙塔为企业出谋划策才能保证企业专利不断得到更新。日本政府投资银行正在逐步改变"土地神话论"的观念，知识产权信托越来越受人瞩目等。

总之，这样超越国界的关于知识产权管理总结的书是前所未有的。正如本书的日本出版社主编永井介绍时所说，"此书是一本难得的好书"。在着手翻译本书之前，本书在韩国已经被翻译出版并受到好评。希望中文版的出版也能为中国的知识产权管理起到促进作用。

他 序

本书著者荒井寿光先生为本人多年好友，他对日本知识产权的贡献无人能出其右。他曾任日本特许厅厅长、通产省次官。他也是日本拟定知识产权战略最重要的推手；在完成知识产权战略拟定后，担任时任日本首相小泉纯一郎首相内阁知识产权战略推进事务局局长，带领 30 位各界精英，致力落实知识产权战略的实施。

我每年带着"跨领域知识产权高阶培训班"（MMOT）到日本进修一星期，一定请他给学员上课。他的讲课内容丰富，思绪清晰，对国际知识产权的发展了如指掌，对日本在制度及观念上的缺失，也给予直接而坦率的批评，并提出解决办法和建议，令学员大开眼界，获益甚多。

承他不弃，对我主持的 MMOT 给予相当高的评价，并在《日本经济新闻》上极力赞扬，呼吁日本政府加强跨领域培训，并推荐我在 NHK 电视台接受访问，探讨知识产权问题的因应战略。

荒井寿光先生是我的日本朋友中最具有国际观的一位，他推动制度与法律改革时遭遇不少阻力，但仍勇往直前，令人佩服。他的经验值得各国借鉴。

本书出版承蒙荒井寿光先生及日本出版社角川书局不收取权利费，授权磐安知识产权教育基金会处理中文翻译及出版事宜，在此表示万分感谢之忱。对译者夏雨教授及本书翻译编委会郑胜利教授、张广良教授的协助，也在此表示谢意。

清华大学国际知识产权硕士项目共同主任
磐安知识产权教育基金会董事长　刘江彬

目　　录

第4章　培养知识产权的专家 …………………… (63)

第5章　从专利开始的知识产权战略 ………… (82)

第 *1* 章
进化的知识产权战略

➤ 知识产权保护了技术、艺术、信誉

"知识产权"这个词现在我们常在报纸等媒体上看见。但也许有人对知识产权不一定十分了解，不过我们周围生活的一切都与知识产权紧密相关。

知识产权充分体现了人类智慧活动的重要性。特别是在技术、艺术、信誉三个领域内作为"智慧的结晶"被社会尊重，需要用法律给予保护（参见图1-1）。

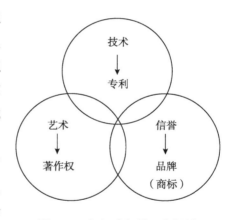

图1-1　知识产权的三个领域

思考有创造性的思想，创造为社会做出贡献的产品，这样经营知识产权成果，需要大家彼此尊重、互相合作。这才是现在对知识产权的基本思考方法。

在技术领域，为了对研究开发的人给予奖励，对做出新发明的人授予专利并给予20年的垄断使用期作为认可。在艺术领域

内，对电影、音乐、动画片等授予著作权并给予保护。因为产品变得复杂起来，消费者不可能去一一检查商品的性能后才购买，所以消费者购买的是制造公司的信誉。在这样的背景下公司和商品的信誉（品牌）变得非常重要起来，它们被用商标权的形式保护了起来。也有像软件一样通过专利权和著作权两方面给予保护。新产品的技术通过专利保护，商品名称通过商标保护。

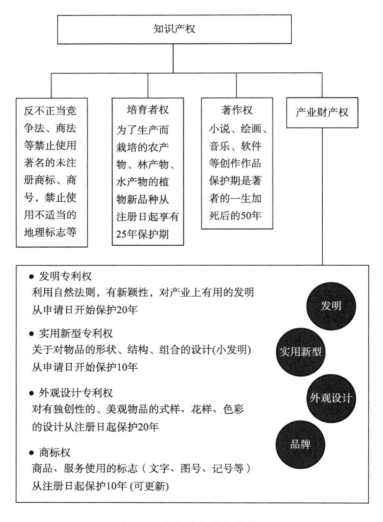

图1-2　知识产权的保护体系

回顾人类的历史活动，最初是农业社会，经过 18 世纪的工业革命确立了现代工业社会。21 世纪正在经过信息技术革命进入知识社会。在这里，智慧、知识、信息的价值变得非常重要，知识性活动具有极高的经济价值。作为知识性活动成果的知识产权变得重要是历史发展的必然。

通过法律权利化的知识财产被称为"知识产权"。图 1 - 2 介绍了知识产权的保护体系。

➤ "知识产权"在日本还是个新概念

日本和美国在"知识产权"的认识上存在很大的差距。下面简单地叙述一下这个问题。认识的差距是从历史发展的差距而来的。在 1787 年，美国制定了宪法，仅仅在宪法制定 3 年之后的 1790 年，就制定了作为国家基本法律之一的联邦专利法。因为美国知道想成为一个真正独立国是不可以光依靠欧洲技术的，所以其从独立之初就重视专利。林肯总统也提出通过专利权加强保护发明的专业政策（重视专利）。而日本在明治维新之后，提倡通过产业的振兴和经济繁荣，以富国强兵作为目标振兴工业，以此打算进入现代国家的行列。作为欧洲使节团一员的福泽谕吉，在访问了欧洲各国、了解了各种制度回国后写了一本名为《西洋情况》的书，介绍了关于英美、欧洲的专利制度。在《西洋情况》出版 20 年后，明治 18 年（1885 年），高桥是清就任第一任特许厅厅长，公布了专利制度（专利条例）。此后高桥是清历任日本银行总裁、大藏大臣之后，成为日本第 20 任内阁总理大臣。其在自传中介绍说，日本明治时代开始之时，美国已经有了发明、商标、版权（著作权）三种智力财产，且被认为也是财产中最重要的东西（《高桥是清自传》中公文库）。

高桥是清还介绍说由于认识到"不能仿效美国等其他外国，

必须推行奖励独自的发明"，所以在专利制度的普及上花了功夫。他指出要把特许厅的建筑建造得非常漂亮，就像东京浅草观音寺院那样，让老百姓知道"发明是件非常了不起的事"。正是因为有高桥是清那样的努力，日本才取得了成功。全日本兴起了发明运动，日本加快进入了发达国家的行列。遗憾的是，与此同时日本的军国主义抬头了，经过第一次世界大战后，日本进入了第二次世界大战，丢失了全部。

如果要问起那时日本是怎么样过来的，回答是再一次从欧美引进技术，建立和平的产业社会。从外国买来好的基础专利，在此基础上进行了技术改良、创新，提高生产效率，以尽可能便宜的成本进行大量的产品生产，出口外国。用这样拼命的努力干过来的。

在此期间，日本专利权、著作权、商标权等知识产权领域都是独立的，绝对没有想到要合在一起作为国家的战略这样的构思。

随着时代发展，1997年4月著者担任特许厅长官的期间，设置了"思考21世纪知识产权的研讨会"（主持人是有马朗人，原东京大学校长理化学研究所理事长），提出了作为21世纪应有的方向，快速、大规模的"知识创造循环"的重要性。借此契机，日本虽然起步较晚但是重视专利的战略有了很大的进展。

著者认为可以实实在在地亲眼看到知识产权的想法被社会承认的变化，这还是第一次。在此以前，人们通常把专利和实用新型、外观设计称为工业知识产权。可是，在筹备这个研讨会之时考虑到研讨会的标题如果是"思考工业所有权的研讨会"的话，那的的确确是落后于时代了。因为在当时已经是"从工业走向服务"的时代，人们已认识计算机软件等无形智慧活动应作为重要的财产。

➤ 追回迟到的日本专利战略

在日本，"知识产权"这个概念长久没有扎下根的原因，如前面所述，是因为有不少人认为从外国买来基础专利就行了，引进技术就行了。日本从明治时代开始，就把"日本的精神"和"西洋的才能"作为座右铭，这是确确实实存在的，当时就是只要能引进技术就满足了。为此，虽然认识到专利的重要性，但没有考虑到专利是宝贵的财产这一点。

至今，日本重视基础发明、以自己取得的基础专利来加强国际竞争力的企业并不是那么多。所谓旧的商务模式是什么？不过就是从各国买来技术，有效地使用该技术，用该技术制造便宜产品的公司很多。

确实日本曾以那个模式建立了一个短暂的"日本时代"，"Japan as Number One"被称为"世界第一的日本"。可是，泡沫经济崩溃后，经过了"失去的10年"，日本原被认为的世界工厂地位完全被亚洲其他国家夺走了。现在正是日本国际竞争力低下徘徊的时期，其最大的原因可以说是因为没有基础专利。

著者当特许厅厅长时最感到吃惊的是，日本是世界上专利申请最多的国家。那个数字确实是每年超过40万件（参见图1－3）。

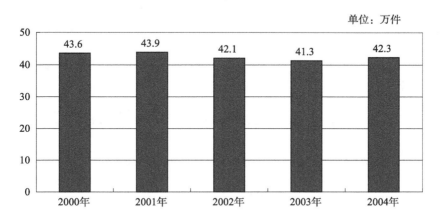

单位：万件

图1－3　日本每年专利的申请件数

那么，那些专利的内容怎么样？之后了解的是，实际上不仅仅基础专利少，而且这些专利实际上也没被有效地利用起

来。企业的意识集中在申请专利上，没有关心将实际取得的专
利如何联系到实用化上。

➤ "专利收支赤字"的原因

知道"专利收支"的指标吗？

这个是企业作为专利使用费支付给其他公司的金额总和与本
企业的专利收入的差额。多半企业的专利收支其实是赤字。

还有，在日本和在海外的关系中也能看到这个指标。2001 年
是日本第一次专利收支成为黑字的一年，在这之前一直赤字（参
见图 1 - 4）。日本的专利申请件数是世界最多的，为什么专利收
入会有赤字？

著者对此也感到非常吃惊，感到不可思议，进而才发现日本
对知识产权的认识非常落后。

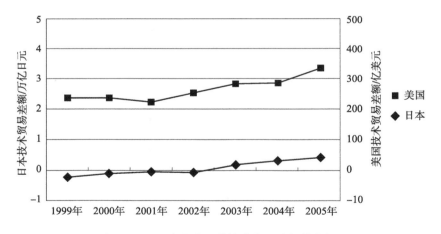

图 1 - 4　日本和美国的技术贸易差额的变化

那么为什么要申请专利？主要有以下三个理由。

第一个理由是为了把从外国引进的基础专利作为起点，大家
互相拿出智慧，为提高生产效率、提高成品率进行技术改良。所
以其专利改良的结果，作为应用专利申请的那些专利，与基础专

利相比，数量自然会变得多起来。

第二个理由是通常所说的"定额专利"的存在。企业为了强化技术能力成立了研究所和研究开发部，从销售额中提取5%～10%作为研究经费投入。然而由于基础研究需要很长的时间，所以实际上能被实用化的、能成为畅销商品的研究仅仅占专利总数的一小部分。在一些研究单位中，要求作为看得见的成果，有追求专利申请件数的倾向。总之，是为了方便对研究人员的劳动管理而要求申请专利的问题。

第三个理由是"申请了再说"的专利。为了不被竞争对手的公司超过，不论怎样的专利都是先申请了再说，不考虑该专利用在什么样的商品上，只要有专利就行。这种倾向也普遍存在。

如果再说得明白一点，也有日本企业喜欢争夺专利件数的名次。在专利这方面也有业内竞争申请专利件数、占有比例和名次的习惯。大家主动地切磋，互相拿出智慧，力求更好地提出周边专利。这本来不是坏事，可是不抓紧基础专利研究的话，只会削弱企业和国家的竞争力。

这样的做法也能说是专利战略？应该说世界之广，无奇不有，这只是日本的风格而已。

➢ 21 世纪是知识产权的时代

回到原来话题，著者于 1996 年就任特许厅厅长，就开始议论21 世纪的展望。在 21 世纪产生的理想社会，是脱离工业社会，从工业社会走向知识社会和信息社会的转换。在这样的发展中，日本迟到了一步。但是日本的目光开始转向知识产权的重要性这一边来了。

在此之前，因为受到企业重视的中心课题是生产产品，受技术仅仅是制造产品的工具之一的想法支配，企业资金主要用于购买材料、支付职工的工资，制造产品是基本的。专利费在全部费用中占的比例处于辅助地位的情况非常多。

但是，真的要脱离工业社会的话又会发生不利的状况。

以电影产业为例，比如用 10 亿日元来制作电影胶卷，其实在整个成本中胶卷费占的费用是非常微薄的。在旁人看来，能看得见的只是胶卷本身，而看不见的是制作过程，其实制作过程投入了大量资金。

计算机软件也一样。做完的计算机软件就是一张光盘，但是这个光盘的成本是非常小的金额。就是说，如果作为工业产品来考虑，材料费所占的比例不过是一点点，非常少。

无论是电影，还是软件、胶卷和光盘的再生产、大量生产，都不需要大量的成本，只是相关初期成本（initial cost）是庞大的。总而言之，只是在初期成本中才凝聚了智慧、才能和创意等。这是地地道道的在经济活动中，智慧和服务占有比例在高涨的佐证。

日本的 GDP（国内生产总值）中约七成被认为是服务经济，这是个很高的比例，也说明了技术和基础专利，或著作权的重要性。

➢ 时任首相小泉纯一郎的宣言拉开了知识产权立国之序幕

日本在 20 世纪 90 年代，经历了"失去的 10 年"，其间美国 IT 企业兴起，信息技术革命大大前进。而且像是反比例似的，以制造业为中心的日本企业的国际竞争力掉下来了。进入 21 世纪的时候，日本可以说被不良资产的清理与追索困扰，股票价格急剧下落，日本经济面临着非常危急的状态。

2002 年 2 月，时任首相小泉纯一郎进行了划时代的施政方针演说。首相提出："我国把研究活动和创造活动的成果作为知识产权，给予战略性的保护和活用，把强化我国产业的国际竞争力作为国家的目标。"这是作为日本首相从明治时代以来第一次的"知识产权立国宣言"。

"对于日本来说，虽然没有天然资源，但是日本人才层出不穷。日本人不仅有发明的才能，也有制作游戏软件和电影的才能，因此要努力"，这是时任首相小泉纯一郎的号召。此后大学和企业的知识产权意识也开始有了相当大的变化了。

2002 年 3 月 20 日，在政府知识产权战略会议的首次聚会上，时任首相小泉纯一郎也作了以下的强调：

"知识产权的创造、保护和利用是为了提高我国产业的国际竞争力，是实现经济活力的重要立脚点。正是作为国家战略，国家应该考虑全力以赴，以知识产权立国作为目标。"

2002 年 11 月制定《知识产权基本法》，2003 年 3 月成立了知识产权战略本部。同年 7 月出台了实现"知识产权立国"的行动计划——知识产权计划，这是打破惯例的速度。可以说日本政府如果想搞的话是能搞起来的。

在这个计划中，加快审查专利的速度，设置知识产权高等法院，加强取缔山寨货，保护知识产权、加强国际竞争力、填补日本空白必须马上付诸行动，也加入了知识产权的创造、保护、利用、人才培养等约 270 个战略和方法。

日本也进入了举国保护知识产权、培育知识产权人才的时代。政府考虑的知识产权战略是快速的、极大的知识创造循环。这意味着大学和企业进行研究开发的成果，国家用专利等给予保护，并且将该成果顺利地实现实用化、企业化，在研究成果转化中得到的收益再作为研究开发经费投入。确立这样的循环是一种革新的思考方法。为此，政府的策略之一是大学的发明在企业中不停留下来，而是作为技术转移与企业化连接，发展这种所谓"产业学校联合"的结构。

➤ "基因间谍事件"的契机

2001 年 5 月，发生了一个令人难忘的案件：美国堪萨斯大学医学院的芹泽宏明副教授（当时），由于违反了美国的《经济间谍法》，被美国的 FBI 逮捕了。

美国的司法当局以从美国医疗研究机构克利夫兰医学研究所不正当地拿走了一批与老年痴呆症有关的基因研究材料为由，起诉了芹泽宏明副教授和特殊法人日本理化学研究所的脑科学综合研究中心研究组负责人冈本卓先生（当时）。一般认为这事的契机在于冈本卓先生，他从美国克利夫兰医学研究所转到日本理化学研究所时，拿出自己的研究材料，拜托芹泽宏明先生保管。冈本卓先生和克利夫兰医学研究所缔结的合同上写着"研究成果全部归属医学研究所"，所以美国方面研究材料也理所当然归属于研究机构。当时大部分的日本大学和研究机构对类似研究成果的使用没有作出规定。

日美在认识上的差异导致了该不幸案件的发生。不过，其结果是在日本发挥了广泛传播知识产权的作用。

生物领域确实是 21 世纪最尖端的领域，需要投入大量的资金、人才和时间，同时面临着世界性的研究竞争。在这个意义上讲，该案件是个有代表性的案件。

➤ 美国在"IBM 商业间谍事件"中的决心

从"基因间谍事件"追溯到 20 年前，还发生了一起"IBM 商业间谍事件"。日立公司和三菱电机公司职员等偷了美国 IBM 公司的机密信息，并在美国 FBI 暗中进行的间谍搜查中被逮捕。他们打算偷的是当时最新一代 IBM 的超大型计算机"3081k"的系列部分设计用的《硬件、设计、练习问题簿等》资料。

事端发起的原因是日立公司得到了这个《硬件、设计、练习问题簿等》的一部分，在要求"佩林·合伙人"履行"咨询合同"，提交《硬件、设计、练习问题簿等》剩余部分的时候，该公司将这个信息告诉了 IBM 公司，并且向 FBI 通报了。FBI 之后策划了暗中进行间谍搜查。日立公司和三菱电机公司的公司职员掉进了这个暗中进行间谍搜查的圈套。1982 年 7 月 1 日，日立公司和 14 名公司职员涉嫌转移盗窃物品共谋罪被起诉。1983 年 2 月，通过司法交涉刑事案件有了结论。同年 10 月，IBM 公司和日立公司达成和解。

IBM 公司为了确立作为国际标准的地位，公开了计算机机内的配置，认可了其他公司的交换机。可是，由于竞争的激化，竞争对手的交换机制造厂的力量变得强大起来，所以才有了这个被称为 20 世纪最大的商业间谍案件。

在日本，话题的重点是对只有在美国才会有暗中进行间谍搜查这个手法的"是和非"的议论。不过，其最大焦点是对技术保护，两国所下功夫的地方有所差异而已。为了保护技术，美国国家和企业抱成一团如此拼命应付案件，那样的精神在现在的日本是怎么也见不到的。

现在回顾这样的案件，才知道日本人对知识产权的价值认识非常不足。

从现在的日本来看，生产管理技术和经验技术、农业技术等通过提前退休者的技术指导等方式，连续不断流到以中国为首的亚洲其他国家和地区。

日本也从追赶发达国家的立场已经成为被追赶的立场，所以必须具有"盗窃他人的知识产权是件坏事，被他人盗窃也是不能许可的"这样的认识。

➤ 横在美国和日本之间的明显距离

美国与日本不同，美国重视传统的专利和著作权。

1620 年美国人的祖先们，为寻求自由乘坐一艘名叫"五月花号"的轮船从英国抵达了美洲大陆。经历苦难的洗礼之后，1776 年赢得了独立，1787 年制定了宪法。起草独立宣言的托马斯·杰弗逊、首任总统的乔治·华盛顿，都是狂热的发明迷。他们完全知道不可能依赖欧洲技术的力量，因此，在宪法上明确写入保护专利和著作权，并且在 3 年后的 1790 年迅速制定了专利法。第一任的美国专利局局长，就是后来成为美国第三任总统的托马斯·杰弗逊。

自此以后，美国比任何一个国家都重视技术，要在技术上领导世界的意识也非常强。这种想法，在"美国国家的 DNA 遗传因子"中深深地打上了烙印。因为他们感到只有在技术上掌握霸权的，才能保障国家的真正独立。

因此，美国不能容忍被其他国家在技术上超过。为此俄罗斯的人类首次无人人造卫星的计划也没能被容忍，在半导体和汽车产业中日本的抬头也没能被容忍。无论是美国这个国家，还是美国的企业，其心情也都一样。

"IBM 商业间谍事件"在那样的环境中产生、存在，"基因间谍事件"也是置于同样的处境和背景中。

不用说，美国人不仅在军事上，而且在商业上都有间谍。并且对于这些都保护得非常严密，如果有间谍案件被发现就会遭到报复。与此相比较，日本从很早以前就被认为是间谍的天堂。一般人认为日本对外国的间谍管理非常不严格。对知识产权的安全性的意识高涨，仅仅是最近的事。工厂和研究所的安全性水平也不能与美国相比较。换言之，日本的工厂和研究所本身是开放性的。

在美国，软件和技术被偷比机器被偷更不能容忍。然而在日本却不同，偷机器的不被饶恕，而软件和技术被偷却没人注意到。正如本书开头介绍的，因为技术可以再买就是了。

要说在日本真正开始普及对知识产权的认识，是进入 21 世纪之后的事。

对国家和企业来说，希望能大大地创造出可以作为与其他国家竞争力量源泉的好发明、技术开发及创作活动，并给予充分的保护。如同保护机器、农作物、现金不要被偷走一样，好好保护知识产权。应该考虑建立这样的国家框架结构才对。需要创造出有独创性、能成为世界标准的技术，要有高价出卖那些技术的雄心壮志。

现在的日本，动画片和游戏软件、数字照相机等居世界领先地位。可是即使这样，"日本精神，西洋才能"的想法还没被消除掉。"才能"从西洋引进就行了这样的想法还是根深蒂固的。

如果看一下电影产业就会明白。好的电影都是从好莱坞、欧洲或亚洲买来的。虽然最近日本影片也恢复了"元气"，可是除了一部分动画片外，"让全世界的人们都来看我们的创造作品"这种气魄仍然没有。

今后，必须在日本国内创造一个良好的、能更多地创造知识产权的整体环境。否则就像大多数诺贝尔奖的获奖者，或像棒球、足球的明星选手去了美国或欧洲那样，日本人不应该轻视为了发明或创作发生如此状况的可能性。

反过来也应该从世界各国引进优秀的人才，应该在日本发起的世界标准的制定上投入力量。现在的日本 IT 产业，从美国、欧洲来的人居多，还有印度人等，许多优秀的人才汇集在日本。这样从世界各国引进优秀人才的工作不应该停止下来。

➢ 日本品牌——扩展的知识产权范围

不仅仅是对企业而言，还有国家和地区都要为创造出日本品牌时代做出努力。

法国的饭菜、葡萄酒都很有名，被称为时尚和艺术的都城，是世界上游客最多的国家。英国和西班牙对国家品牌的提高都投入了力量。

在以前，日本"made in Japan"的工业产品受到了世界第一的评价。电影和动画片也非常受欢迎；日本食品好吃，吃日本食品就能像日本人一样地健康和长寿，在海外正在掀起日本食文化的高潮。川久保玲自己的品牌"COMME des GARCONS"，法文意思是"像个男孩"；以及毛皮和皮革商品（ヨウジヤマモト）代表着日本的时尚，被评价为美丽和时尚。

外国人称日本是"酷的日本"（Cool Japan）。

还有不仅日本制造的汽车和数字照相机好，日本人和日本这个国家如果被外国人喜好的话在广义上对日本的安全保障也发挥了作用。

日本在知识产权战略本部设置了日本品牌的工作小组，专心致力推进日本的"食文化""时尚文化"以及"地区品牌"的知识产权化，为推广日本的品牌努力着。世界上吃日本食品的人口从6亿增加到现在的12亿。东京还举办了"日本时尚周"来推行日本的时尚文化。

日本随后施行了修改后的商标法，从2006年4月开始认可"地区品牌"，推进各地的名产商品的品牌化。

品牌鱼就是一个成功的例子。九州大分县的"关竹荚鱼（也称马鲭鱼）·关青花鱼"是在位于日本九州岛与四国岛之间，沟通太平洋与濑户内海的丰予海峡的怒涛翻卷中成长起来的，用一个钩钓鱼，钓上后的活鱼马上放入船上的水池里。为了能保持以最好的新鲜度运送到城市进行烹调，人们采用了日本"活鱼处理方法"。因为这样花工夫，1997 年"关竹荚鱼、也称马鲭鱼（関あじ）·关青花鱼（関さば）"获得了商标注册。其后的九州大分县的关竹荚鱼、关青花鱼每条鱼都贴了商标后卖出，售价比其他地区的竹荚鱼、青花鱼的价格高并且畅销，现在价格差越来越大。

北海道的夕张哈密瓜在质量管理上不断努力，通过商标保护也取得了非常大的成功。

如前所述，除电影和游戏软件等为代表的内容之外，软件当然也成为重要的知识产权。著者认为在各种各样的领域内，认识知识产权并知道其重要性的意识才是知识产权战略的第一步。

可以说所谓知识产权，不是什么特殊领域内的事。只要是知识和劳动结合的成果，都是知识产权。正因为如此，关于知识产权问题需要由全国人民一起来商谈解决。

➤ 审判"蓝色发光二极管"案件的教训

关于蓝色发光二极管（LED）的发明纠纷，日本专利法第 35 条规定"职务发明"的"对价"的解释成为焦点。在这个案件中发明者中村修二（从日亚化学工业公司辞职后，在美国加利福尼亚大学任教授）是原告，日亚化学工业公司是被告。东京地方裁判所的一审确实作出了要求日亚化学工业公司支付原告 200 亿日元的判决，首相和经济团体联合会会长都在 WordPress 上发表评语，此话题之大可以想象。之后，2004 年 1 月原告和被告之间达成了和解。和解的主要内容是："支付关于中村修二教授在日亚化学工业公司就职中的全部职务发明的专利权利的继承的相当代价是 8.4 亿日元（包含利息）。"

原告中村修二的律师团对该诉讼发表了以下四点有意义的见解：

① 当初 2 万日元奖赏转换成 8.4 亿日元发明的转让代价，虽然仍不足够；

② 确立了个人在公司的地位；

③ 因转换到"发明的转让代价"达到了"振兴产业的目的"；

④ 创造了审判的规范。

当初东京地方裁判所一审作出的 200 亿日元金额的判决，不仅日本，全世界都感到非常吃惊。200 亿日元判决的依据是通过中村修二先生的发明使日亚化学工业公司获得的专利权，该公司在 2010 年之前能得到约 1200 亿日元的垄断利益。其中一半是因为中村修二先生的贡献，本来中村修二先生应该得到 600 亿日元，不过因为中村修二先生只请求 200 亿日元，所以说认可了请求金额的 200 亿日元是妥当的。

产业界对这个判决有许多反对意见。判决中评价中村修二先生的发明对整个专利有一半的贡献度是否合适？对将来销售额的 1200 亿日元数字预测是否妥当？对 200 亿日元吃惊的人们，认为中村修二先生有工资的"职务发明"的代价，200 亿日元是否太高。听说中村修二先生当时的工资是 1000 万日元，发明奖金 2 万日元确实太便宜了。可是，是不是 200 亿日元就合适了？这个又感觉太高。

根据日本专利法第 35 条规定，即使是作为工作人员的研究者的职务发明，原本专利的权利归属研究人员个人。然而，公司可以事先进行规定，职务上发明取得专利的权利要转让给公司。但是，研究人员对公司可以提出请求"相当的代价"。真正实施这个规定是进入 21 世纪之后，各种各样的诉讼相继发生，彻底弄清楚日本专利法第 35 条是这个蓝色发光二极管（LED）的诉讼。

这个规定原来是以德国的职务发明制度作为基础，在大正 14

年（1925 年）制定的。该规定是劳动条件极坏的时代作出的，多数人认为现在直接适用就非常困难。

那时的日本，虽然认识到技术开发的重要性，但没有深刻考虑对进行发明的主体研究人员个人的激励（incentive）。长期以来在公司潜规则默认的论资排辈、终身雇佣制影响下，公司职员对公司都怀有忠诚之心。

公司和工作人员的关系需要从根本上重新思考改正。在这样的意义上，可以说蓝色发光二极管（LED）的诉讼是历史留存下的诉讼。最终的和解金额 8.4 亿日元是否妥当，依然还存在意见上的分歧，不过，这个判例将成为今后审判基准之一是没错的。

➢ 不培养新型企业，经济就会衰退

世界上多数积累了巨大财富的开拓者，都是以技术能力和发明启动新型企业获得成功，通过公司上市或者卖掉公司挣回创业者利益。即使在欧美，只要有发明就能得到 200 亿日元金额的人恐怕也没有。

在美国一般来说，申请专利的发明中约八成是职务发明。一般情况下根据公司和研究人员之间签订的发明转让合同，研究人员的发明权利自动地被转让给公司。而且，法律没有规定公司需要支付"相当的代价"作为义务。可以说是以继续雇佣或高额工资作为代价。除此以外的激励，给予职工优先认股权等是各公司的创意办法。但没有签订书面发明转让合同时，发明的权利是归属研究人员个人的。

如果说讨厌这种从属关系的话，那只有去创立新型企业了。

基本的方法是，了解具体的工作细则，签订双方都能接受的合同。签订合同是最基本的道理，不是吗？

如果作为被雇用的上班族，就像棒球选手那样打不中球但工资照样可以拿，打中了没有人会付高额款。可是，如果作为专业选手想要有个胜负的结果，就要签订一个合同了，约定如果打不中球就没有工资，成绩坏的话就辞退。换而言之规定如果打了全垒，就有高额付款。

从公司方面来说，如果是普通的工作人员，有了好发明就颁发奖金或者提高薪水等，即采用所谓低风险低回报的待遇。但是对特别优秀的研究人员，采用高风险高回报的，即所谓按产量付款的合同不是更好吗？

如果研究人员本人也兼备作为事业家的资质，并且，以取得大的回报为目标，或发誓一定要实现自己的梦想，脱离公司自己独立，那么这种有选择的社会才是好社会。

当然，为了实现这样的社会，作为国家本身也必须努力。如果没有出现大量技术型的新型企业，那么国家确实的增长就没有希望。正因为如此，对脱离原公司，另外独立创业的企业也要给予奖励，来自大学的新型企业也要给予奖励。

➤ 正因为是中小企业，更需要对知识产权敏锐

以前的日本，是一个中小企业发展活跃的国家。从地方工业到高科技产业，中小企业拥有的技术能力和熟练的技艺支撑了日本的工业社会。如果极端地说，大企业只是集合（装配工作）零部件的话，那么制作零部件的企业就是中小企业。

现在也是这样。说"我公司只有技术"这样的中小企业很多，它们其他什么都没有。因为没有土地，没有抵押力，也难以得到来自银行的融资。可是如果说"我公司里有好的技术……"的，那必须以专利保护该技术才行。然而，遗憾的是，用专利战略好好地保护独有技术的中小企业极少。

即使在日本，丰田佐吉先生和松下幸之助先生，用个人发明

取得的专利作为起点创建了公司，并加以培育使之成为世界级的丰田、松下大企业。所以说发明取得专利的传统在日本还是有的，但被继承下来的不太多。事实上，著者认为专利战略对中小企业来说比大企业更需要。

一般来说大家都有高新技术，但总有"核心技术好像是大企业的强项"的印象，其实中小企业也有很多极好的技术。然而因为没能被法律保护，加上为了企业化，经营资源和知识没有很好地结合起来，所以那些技术也没有充分发挥出来。

"如果想取得专利需要花工夫，请专利代理人需要花费钱。而且，申请审查也需要花费很多时间才能实现，所以不得不放弃专利申请。"这样考虑的中小企业的经营者非常多。

在工业社会，中小企业被称为转包制造厂。不过，在知识社会它们也应该成为主人。如果不是那样，就不可能发挥日本的潜力。相比于大企业，国家必须更要好好地保护中小企业的知识产权。

说到原因，大企业拥有专家，以自己的力量能保护知识产权。可是对中小企业来说就不可能那样。正因为如此，必须帮助中小企业，对新型企业也一样，国家现在正在打算做这些事情。

➤ 产业就是学问的实践和成功之地

另一个重要的是大学的知识产权战略。原本大学和公共研究机构能产生出企业研究所难以开发的发明和创造性的知识产权，所以要求大学、公共研究机构能发挥为社会做出贡献这样的功能。可是，日本的大学并没充分地发挥这个功能。

在日本承担学问研究的人数是 26 万人（2004 年统计），不同研究人员的研究内容也不同，不过与美国大体上一样。日本大学的研究经费是美国的 70%，然而日本大学的专利件数却是美国大学的 1/2，技术的被许可数只有后者的 1%。

在这里，有制度、组织和研究人员的意识两方面的问题。

对大学的教员来说，论文和学术会议上的评价非常重要，与社会的结合点非常薄弱。发表论文，所谓使研究成果成为公共的东西，从表面上看是件不坏的事，不过，那样的研究成果想被实用化的话，如果不取得专利，那么社会因为权利不能垄断而风险太高，从银行那里借钱建立工厂等商业化就变得非常困难。

与此相比，倒还不如教员自己取得专利，使用 20 年有效的专利期间，委托新型资本等合作亲自创建企业，或转让专利权给自己成为合伙人的企业，或给予实施权使专利权实用化。如果有垄断的使用权，可开拓市场，制作工厂的流水线的投入也会得到回报。但是，如果不取得专利，研究成果公开后，被其他二流企业模仿，成果失败的风险会增大，其结果就是在该领域里任何企业也插不进手。

以前日本东北大学的校长本多光太郎先生曾经说过，"产业就是学问的实践和成功之地"。在这个意义上，使用研究成果的产业界，好好地试制直到产品化为止，通过研究实用化，使得课题的研究变得清楚，从而促进学术上的研究更加进步。

在验证自己的研究成果的意义上，好不容易完成的研究成果只是在论文上使之了结，的确太可惜。如果不使其实用化，不对经济社会做贡献就没有意义了。如果实用化了，就不是用研究室的实验设备收集数据，而是收集现实社会的数据，新的问题也会暴露出来，使研究成果能得到真正的试验，这样就再好也没有了。因此，无论如何应该取得专利。

作为研究人员，搞学问不是只为了自我满足，也有社会的需要。大学的研究经费包含了相当的税金，社会期盼着回报。对此研究人员必须给予响应，这是理所当然的事。

大学作为知识产权的来源，基本专利的生育"父母"，在知识产权推进计划中也被期待着发挥最大的作用。可以说日本国立大学的法人化、产业和学校联合也都是打算强化这个循环的。保护象牙塔的意义不是让其封闭，而是促进其与社会的交流。

有几所大学在其内部成立了知识产权本部。文部科学省从2003 年度开始支援 43 所大学的知识产权本部。这个本部作为指挥塔，是担负着与知识产权有关事务的全部责任，制定大学的专利政策（专利战略的政策）的综合中心。目前，TLO（技术进出口许可证办公室——技术转让机构）主要负责进出口许可证的实际业务，知识产权本部要与 TLO 这个实际业务机构联合。但各大学知识产权本部与 TLO 的关系并不相同。有负责进行实际业务的本部，也有只进行政策筹划的本部。

➤ 知识产权是现代企业价值的精髓

最后论述一下大企业的问题。大企业今后要注意专利收支，不仅要考虑专利收支变为黑字，更需要的是变支付专利使用费为收取专利费的立场。

一般认为大企业重视基本专利。据说取得的专利中 2/3 的专利是"睡眠专利"（没被使用的专利），要减少"睡眠专利"，要活用好不容易得来的专利，这就是意识改革。

作为一种利用方式，活用专利技术方法，将专利技术商品化为产品是一般做法。可是，以专利战略闻名的佳能原社长山路敬三先生在《我的履历书》（日本经济新闻）上记载了以下的话：

"……他说专利是技术的黑洞，就像宇宙的黑洞可把全部的东西吸入一样。如果专利有着很强的技术力的话，就可不断地吸取别人的技术。让我使用他人的专利，为此也向他人出借自己的专利。强者的同行以专利合作的时代必定会到来。"

交叉许可（Cross – licensing），以前在大企业之间很少互相许可各自的专利，不过现在，以同行的强者策划战略的时代到来了。面对这样的时代，如果没拥有有价值的专利，就不可能与对方的企业缔结良好的对等合同。

还有"专利池"这个做法。比如"MPEG2"这个动画的压缩方式中，世界上24家企业在一个组织内聚集各自所有的专利，那个组织对需用其专利的企业给予进出口许可证手续。有了这种"专利池"的做法，第一次使DVD在世界上普及成为可能。最近这个"专利池"变得活跃起来了，只要在这个"专利池"中，不管谁在使用专利，每次都能得到收益。可是，如果在"专利池"之外，每次出售商品都要支付"专利池"使用费。两者是天堂和地狱的差别。

在考虑企业价值时，知识产权也成为非常重要的因素。根据股市信息公开，知识产权增加了公司治理的透明度，提高了市场的信赖度，能维持可喜的股票价格。因此，经济产业省从2004年1月起将知识产权有关的信息汇总成"知识产权信息公开方针"，要求企业向投资者们积极明确地公开自己的知识产权信息。该信息在财务报表上也会呈现，这将是非常重要的竞争力的源泉。

有关公开的方法，知识产权报告书由所要求的体裁、独立的报告书，或由实施指南手册的一部分构成。如果有这个报告书，投资者可分别按行业领域和关联企业了解研究开发费用和拥有的专利数以及进出口许可证收入等。

该报告书中说明了企业是怎样对自己领域的研究开发投入力量、采取了怎样的知识产权战略、怎样组织和确定多少投资额、专利许可证的情况与企业年度决算直接结合。在制药企业，专利就是生命。一旦专利到期的话，便可销售便宜的仿制药，制药企业就会受到仿制药销售的打击。因此市场对主要药品的专利有效期非常关心。根据专利纠纷的不同结果，制药工厂被关闭赶走的情况也有。有关公司职员的职务发明的诉讼也是市场关心的。使用知识产权报告书，客观、具体、明确地公开有关这些知识产权的信息是得到股东信赖的捷径。

与欧美各国相比，日本虽然起步迟了一些，但是也终于认识到知识产权的价值，全国朝着保护和培养知识产权开始起步了。

第 *2* 章
知识产权和国际关系

➢ 流向亚洲的商业秘密

日本有各种各样的知识产权流向中国和韩国等亚洲其他国家的问题。说不定也存在产业间谍的非法活动。不过在这里应该考虑的是日本的工程师们擅自把日本宝贵的技术和经验外流出去的问题。

比如常常听见周末去亚洲打工的事。据说有的工程师星期五夜晚离开关西机场，去中国、韩国等，或者没有得到公司的同意擅自去参加研讨会活动，指导生产技术等，星期一早上再回日本上班。

或者是提前退休去打工，然后携带自己的技术和经验去亚洲其他国家，通过高薪雇用，指导当地的技术人员和工厂工人。如果对这样的事置若罔闻或漠不关心，就会导致日本的工程师们为了开启个人的第二人生，把日本重要的知识产权连续不断地外流到亚洲其他国家。

下面介绍曾经发生过的受害事例。

- 关于与外国企业的合资公司（joint venture，JV）开发触媒的做法：掌握该经验技术的工作人员提前退休，公司怀疑其违反了保密合同，在转职后的新企业泄露开发触媒做法的技术秘密。

- 在日本国内不设置生产据点的外国企业在东京近郊设置了"设计中心"，大量雇用提前退休的公司职员。职员在该"设计中心"好像不需要每天去上班，不过，为公司提供 2 年经验技术后就会被解雇。

- 担当电脑外部设备销售的部长在退职时，不仅带走了部下，还在退职之前打印了主要工作人员名单，并带走了这些名单。

- 作为等离子显示器的生产部门负责人的业务部长跳槽去了外国企业，数名部下也跟着跳槽。之后看到该外国企业的开发实用化的速度大大加快，唯一可以肯定的原因是这个原业务部长及其部下们在退职时把企业秘密记录的数据等拿出去给了该外国企业。

（经济产业省《2005 年度修改反不正当竞争法的概要》第 21 页）

这个问题必须想办法解决。首先必须解决的是到底知识产权是公司的所有物还是个人的所有物这个含混不清的问题。日本企业的经营，以前是所谓的"爱和信赖的经营"。工程师们周末带着个人电脑和资料在自己家里继续努力工作，得到经营者大大的赞扬，认为那样的工程师们"非常棒"。因为周末在自己家工作，公司也不必支付其加班费，在那里有的是热情研究的工作狂和"爱公司的精神"。

然而，在这里有很大的陷阱。该陷阱是指在家里进行研究开发的成果，到底是归属公司还是归属个人的问题。如果在这个问题上暧昧不清，工程师去海外向外国企业提供这些研究开发的成果的话，公司也难以阻止，这就是公司信息泄露的原因之一。

公司的电脑和资料，个人不能随便拿出去。如果需要夜间和周末工作，就在公司内好好作为加班和假日加班进行。需要好好地制定上面所讲的规则，使其遵守，并且，在家里得到的成果应该明确规定归公司所有。个人电脑和服务器作为公司的设备，其中记录的数据当然不能拿出公司。

那么头脑中的经验技术和数据该怎样办？身边的笔记该怎样办？要明确这些，除了公司和工程师个人之间签订合同以外没有其他方法。要考虑今后的知识产权商务的话，应该立刻进行这种雇佣合同的调整。

对合同的考虑可以有各种各样的类型，如辞职后 2 年内禁止在同行的其他企业就业（包括打工）等，但是要好好地支付其退职金。

➤ 专利和商业秘密的差异

无论是美国和德国，或是中国和韩国，都制定了保护商业秘密的法律。日本在这方面落后了，不过 2004 年 11 月 1 日实施了反不正当竞争法的修正案。在这次修改中加进了如擅自带出商业秘密，就要受到刑事惩罚等内容。

试想一下商业秘密。专利的权利范围指定得非常明确，相比较于专利，可以说商业秘密的权利范围不是很明确，而且与专利不同，其特点是如果被公开的话，商业秘密的价值就完全消失了。

反过来只要能保持秘密，商业秘密的有效期与申请通过后有效期为 20 年的专利不同，是永远能垄断的权利。商业上有用，不便公开，为了保护秘密最恰当的管理方法是作为商业秘密管理起来。因为商业秘密可以成为反不正当竞争法的保护对象。

在这样的商业秘密中，也包含了专利方面的内容，除顾客名单和商业计划以外，还有技术性的信息和数据、其他各种报告等。商业秘密，因为不需要像专利一样经过申请，都不需要花时间和精力，也不会像专利一样会变成公知常识。最好是某技术不申请专利，作为商业秘密使用的战略也在增加。

➤ 怎样保护商业秘密

问题是如何保护商业秘密，如何不泄露商业秘密。

关于商业秘密的管理，需要制定公司内部规则，制定专责人员进行管理的规则。要掌握对本公司来说重要的商业秘密，要进行排列顺序、立账单，按照顺序分清对公司外保密，还是对部门外保密等分类记载。

关于设置对商业秘密管理的公司内部措施，要让大家彻底知道。如果是对公司内保密的秘密，可以上锁管理。对部门外保密的秘密可以放置在没上锁的地方，不过回到公司以后一定要上锁管理等。

根据秘密程度排列顺序也有必要限制复制和带出行为。该信息和资料是可以拿出去的，还是不可以拿出去的，是不是必须得到部长等同意，这些都需要明确规定。更进一步来说，要限制进入特定的房间和区域。

当然，也要对访问电脑上的数据进行限制，来客访问的检查也非常重要。并且根据需要应该对电子邮件进行监视。有关这样的商业秘密的管理要对工作人员进行教育。

还有对新进公司的职员和辞职的职员进行面试，彻底进行关于保守机密义务的教育。更重要的是，在签订雇佣合同时也要签订保守商业秘密的合同。

在工作细则和雇佣合同中，要写明保密义务，也要明确写上如违反保密义务时必须接受惩罚的规定。

签订保密合同除了工作人员以外，与合同工、派遣职工、钟点工，以及与公司外的合作伙伴和共同开发的合伙人，顾客、合作公司和转包企业、咨询公司等也最好要签订保密合同。

关于工作人员的泄露，除了故意以外，由过失导致的泄露也不少。以前发生过的过失，有管理体制和规则上的漏洞造成的，也有教育没有贯彻到底造成的。如商业秘密保密程度没有按顺序排列、没有明确管理，作为工作人员如果不知道重要秘密和非重要秘密的区别的话，就非常有可能对外泄露重要的信息。

包括在雇佣合同上也要明确规定辞职后承担一定期间内的保密义务（根据判例最多是 2 年）的条款。其间不能去同行业的其他公司就业。特别是有绝密信息查看权限的人辞职后，重要的商业秘密泄露的可能性极大。但是也不能胡乱剥夺他人的个人权利，作为敏感问题，需要明确地制定限制的范围。

这样的合同，对在外资企业工作的人员来说是已经非常熟悉了。在欧美，这样的合同是一般的合同，日本在这一点上是落后了。日本的防火防盗进行得很好，但能对商业秘密做好保护的公司却非常少。

还有，经营者没掌握本公司的商业秘密的情况也非常多。在资料上虽然盖上"对外涉密"等印章，但只是这样也不能作为法律上追究责任、实施惩罚的依据。也有商业秘密管理没彻底进行的判例。全公司的秘密系统没有统一起来进行管理。

并且，虽然制定了规则，但是没有检查制度，也没有进行定期的评估计划，这样也是不行的。至今还没有在乎工作人员和职工辞职后去竞争对手公司再就职的，或去海外干活的公司，现在必须马上予以制止，必须改变工作人员的意识。那样的话，可以避免各种问题的发生，能使彼此心情舒畅地工作。

如果能这样做，知识产权流向海外的问题也应该能自然而然地制止了。

➢ 山寨大国——中国的现状

虽然感到非常遗憾，至今山寨大国这个称呼对中国来说还是比较适合的。从名牌产品到摩托车，山寨货销往日本和世界其他地方。

即使是日本独自开发的农产品，现在大部分的东西也能在中国生产了。不过，关于这些农产品，也与工业产品一样是违法的技术转让，因为大部分东西是由日本人做技术指导生产的。

也听说有先用高额报酬雇用日本的工程师，或在工厂和研究所进行招聘，然后在技术转让完成后，找某种理由解雇这些日本工程师的事。被日本企业雇用的，在短期内辞职的中国籍技术人员、工厂工人、白领泄露技术信息的也很多。还有，如果在中国的日本企业想撤退的话，工厂设备等不能撤走。也就是说，技术和经验技术必须整个留在中国。

进入中国市场，从知识产权商业化这个观点来看要注意的问题很多。

这样的中国，今后将朝着什么方向前进呢？

其实现在的中国，计划加入发达国家的伙伴中。但他们发现技术引进需要支付使用费（专利权的使用费），并注意到向外国支付的金额非常大，因此中国人自己必须拼命开发独创的技术。

其结果是，不但在纺织和日用品领域，而且在机械和 IT 领域内中国的增长也显著发展起来了。即使在家电领域，像类似海尔企业一样优秀的制造厂也正在培育成长着，取得了很多专利，制造了适应世界各国的品牌，提高了国际竞争力。

在这样的背景、影响和作用下，时任中国国务院副总理吴仪作为负责人的国家知识产权战略制定工作领导小组也诞生了（参见图 2–1）。

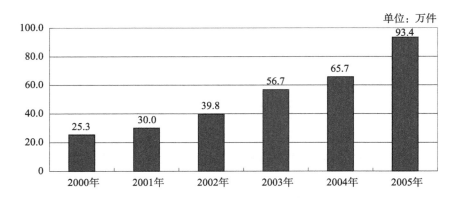

图2-1　中国知识产权保护组织的主要活动

在中国，知识产权法主要有专利法（发明专利权、实用新型专利权、外观设计专利权）、商标法和著作权法。随着加入世界贸易组织（WTO），中国在 2001 年分别对专利法、商标法和著作权法进行了修改。专利法中也制定了诉前停止侵犯专利权的临时处理制度。

➢ 内容商务山寨货泛滥

但是，另一方面中国至今是山寨货大国的问题还没有得到改善。岂止如此，因为模仿可能引起的危险性也受人瞩目。常有新闻等报道，比如发生的冒牌药案件，以及由于低劣的山寨电器导致短路引发火灾，模仿外表的汽车的刹车不好等。与健康问题、安全问题直接关联的山寨货最近在增加。

还有，音乐、软件和电影等的 DVD 盗版的流通在中国也是最多。原因之一，一般认为中国的物价水平低，而美国和日本等海外作品的内容有趣但价格高，普通人买不起，因此便宜的盗版得到了"公民权"。比如在日本 3000 日元的 CD，卖方能以 10 日元拷贝的话，以 100 日元销售也能赚，买方以 100 日元可以买到，比买日本 3000 日元的 CD 要便宜很多。在这样的状况下，即使中国政府想管制也管不到那么细。

再一个是国民的意识问题。对中国人来说，有"反正因为是外国的东西，所以不必介意"这个心情。也许是遵纪守法意识低的原因，也可以说因为对那样的行为没有取缔的法律和体制才使这样的问题存在。

可是，中国的生活水平也慢慢在提高。还有，比如来自中国的女子十二乐坊和张艺谋导演等，可以在世界上争个高低的音乐和电影也不断地出现。如果那样的话，虽不能说中国作品会像海外的作品那样被盗版，但中国自己的作品也会遭遇盗版，也会在国内和海外市场上大量流通盗版的中国作品。事实上，已经出现那样的倾向。中国国内的电影公司和有关音乐人员也感到为难。如果中国放任那样的状态，也培养不出好的艺术家。即使是中国人，也不会容许自己的知识产权的模仿产品和山寨货到处出现。在这样的事态下，想必中国政府也不得不采取对策了。

生活水平提高，道德水准也应该得到提高。随着想确立自己的知识创造循环这样的意识高涨，中国开始向好的方向发展。

现在，大规模的中国考察团来到日本，对日本的知识产权进行考察。他们的目的是学习日本知识产权保护的成功例子，组织结构设置。为了中国的知识产权战略，毫不吝惜地给予合作，相信这样对双方都有好处。

另外从开始普及市场经济的方面来说，必须阻止盗版这样的意识也正在中国各地得到重视。不是依靠补助金等旧的社会商业意识，而是根据商品的销售额从市场回收的利润来发展中国经济，因为这个才是商业的基本。

加上美国、日本、欧洲等对中国提出的意见也起到了作用。随着加入 WTO，对中国政府来说希望今后对出口投入更多的力量，可以说是到了应该用积极的态度面对外国意见的时候了。在此意义上，中国虽然勉勉强强，但是中国也终于要开始改变了。

➢ 日本对中国山寨货对策的制定也投入了力量

除了对中国政府提出意见，日本政府也应该对模仿日本的中国山寨货采取对策，为此多年来也正在努力着。

在 2002 年，对山寨货烦恼的日本国内的产业界，跨行业结成了国际知识财产保护论坛。自此以来，每年与政府联合派遣高水平的访华代表团，要求中国的中央政府和地方政府对山寨货采取措施。

2006 年 2 月，当时的日本经济产业大臣与中国商务部部长在北京进行了会谈，强烈地提议强化知识产权的保护。在日中经济合作伙伴协议和日中专利局局长聚会上也请求强化知识产权保护。

并且，日本和中国签订了海关互助协定，在日本与中国的海关之间有关冒牌走私货物取缔的信息交换正在顺畅进行。

现在，著者认为日本和中国的知识产权战略，是在竞争性的协调关系中。中国的技术发展，对进入中国的日本企业来说也是件益事。还有，在中国，廉价生产高质量的产品，然后进口到日本，至少对日本的消费者来说也是有好处的。

但是另一方面又意味着对日本企业来说不能忽视的竞争对手大量登场。

可是，为了能很好地建立竞争的协调关系，发挥协同效应（有强化的效果），互相汲取的好处应该更大。

其实，同样的情况在韩国也发生过。以前日本的电气化产品和名牌的山寨货在韩国做得很多，不过，由于"韩流"高潮，韩国的电视剧和电影也飞跃发展了，家电产品在全世界各地销售额也大大地提高，从模仿他人的地位转变为被模仿的地位。著者在2005 年去韩国作了演讲，不过韩国现在设立了旨在推进知识产权战略的论坛，也以非常棒的知识产权立国计划作为目标。这些活动因为与日本产品的保护相关联，所以深受欢迎。

为了改善现在的日中和日韩关系，一般认为知识产权战略的互相交流起到了非常积极的、正面的作用。

如同体育一样，科学技术和文化艺术与政治是无关的，可以超越国界，作为中立的存在。因此，与政治和经济等不同，不会有零和效应，必定是加法效应。通过彼此发展，双方都能得到利益。

随着全球化持续不断扩大，不是像以前那样开展交战式的保护，而是进行互相公平的竞争，互相协力才是今后的知识产权战略所需要的。

➤ 全世界的国家都在规划赶上美国

说到技术立国，应该说最具备该项特殊本领的国家是美国。1776 年独立以来，美国一直在推行技术立国。

如果回顾美国的历史，也有反专利（anti – patent）的时代，但基本上是重视专利，就是说实施了重视保护专利等知识产权的政策。重视专利政策，基本上是美国独立以来的"DNA"。为技术开发投入力量，以专利守护成果是美国的风格。

美国的技术进步对美国的经济发展做出了很大的贡献。特别是在 1985 年的里根政权时代，活用知识产权，为重振衰弱的美国经济，发表了"Young Report"（最新现状报告）❶。那个时候强化了有关软件和生物的专利保护。再有设立了美国联邦巡回上诉法院（CAFC），提高了侵犯专利权诉讼的损害赔偿额。奖励在大学取得的专利，为实现在大学的专利收入再投资进行创造循环，广泛设立了技术转让事务所（Technology Licensing Organization，

---

❶ 译者注：该报告是个姓 Young 的人起草而成，故称"Young Report"。

TLO）。

以标榜科学技术创造立国的日本，与那时的美国相比也落后了十多年。1998 年修改的日本专利法明确了向重视专利政策的转换。美国也是如此，损害赔偿金额的提高，是因为修改后的有关TLO 的法令等法规支撑着。

在那时，日本的知识产权诉讼的赔偿金额，与美国相比，是美国的 1/200 左右，这个原因导致了专利受到轻视。之后在修改专利法中，对专利侵权犯罪的法人的罚款，从最高赔偿额 500 万日元，一下子提升到了 1.5 亿日元。

这些变动在世界各国引起了非常大的反响。欧洲的英国、德国和法国也开始在专利法上下苦功。在亚洲特别值得一提的是日本、中国、韩国，以及新加坡的法律修改。其中新加坡规划成为在亚洲的知识产权的集中交流站。除了研究人员以外，聚集了律师和专利代办人、创业投资者（venture capitalist），把在亚洲的发明都集中起来，使新加坡成为来自亚洲各国的专利交易所，在此基础上培育更多的优秀的新型企业。为此新加坡国家开放了门户，以各种方式有力地支援该项目的实施。经过这些努力打下了有关知识产权的基础设施，为招来新型企业等也投入了力量。

日本开始紧张起来了。今后的经济战争，确实是知识产权的战争。日本必须推行不输给欧美及亚洲各国的知识产权战略方针。

现在的日本，IT 产业的状况非常好。从个人电脑制造业到提供电脑服务的公司、信息产业制造者、网络证券公司等，虽说仅是一个 IT 产业，但有各种各样的营业情况。作为国家，其中无论是制造业，还是服务行业，对独自拥有的非常好的技术，并在此基础上踏踏实实构建起商业模式的企业应给予支援。作为科学技术创造立国的领跑者，牵引着日本经济的 IT 关联企业的培养，带领那些企业的年轻经营者们，应该是十分理解知识产权重要性的。

➢ 使用CJ标志的真货进行反击

在日本游戏业发挥着龙头作用的任天堂和科乐美、史克威尔艾尼克斯等公司，相比日本国内，更多的是向海外市场寻求销路，这些企业对知识产权也非常敏感，对获得知识产权，保护知识产权都非常热情。

在亚洲各国，随着日本的J－POP深受欢迎，日本音乐业对海外市场也大做特做起来了。觉得由于受人欢迎，但如果不进入那个市场，冒牌货就会趁机上市，特别是音乐这一行。因此，日本的音乐业总算开始行动起来了。

大家认为发挥很大威力的是CJ（信息产业的海外流通）标志（参见图2－2）。

2005年1月，日本的信息产业海外流通促进机构（CODA），依据CJ为标志的事业，反盗版侵权对策活动，在中国香港等正式启动。同年8月，包装上面贴上"CJ"标志的产品

图2－2　CJ标志

开始销售了。从此开始，CJ标志的商标权使反模仿产品对策的实施成为可能。CJ这个标志的使用，可以说是展现了一定要出售真货的决心。在2005年度CJ标志的效果立刻体现出来了，在中国内地、中国香港等地没收了228万件山寨货，被逮捕者达到了515名。

日本为了保护自己的知识产权，也进行着各种各样的努力。如以上所述对中国提出要求，对"CJ"标志的效果也充满了期待。

可是，一个问题解决了，新的问题又出现了。即使出售真货，在中国如果价格不便宜就不畅销。无可奈何只能把音乐CD光盘

的价格降低。然而，那些便宜的真货又被重新进口到日本。因为这样的事态发生，引起了日本 CD 光盘行情的跌落、价格混乱等非常麻烦的事。

为了解决这个新问题，日本只有修改版权法，使海关能中止低价的 CD 光盘进口到日本。日本害怕这些低价 CD 光盘回流，这是进行版权法修改的最根本理由。

➤ 支撑美国经济增长的信息产业

关于信息产业的振兴与保护，美国也是走在前面的。

比如，第一次世界大战之后，美国政府想振兴电影产业。那时的广告标语是 "Trade Follows the Films"，就是说 "贸易追随着电影"。看了好莱坞的电影后，会有 "美国到底还是个富裕国家啦" "有那么多汽车跑着！" 等感动。于是，大家对美国有了关心，美国出口的汽车和工业产品变得全都想要。电影作为美国的出口产业的先驱，起到了非常大的广告效果。因此，无论如何美国都要振兴电影产业的气氛高涨了，好莱坞也因此大大地沸腾了。

此后，1929 年世界发生了经济大危机，出现了大量的失业者。很多艺术家也失业了。那时与 "经济改革计划"（New Deal）政策一起被美国政府提出的还有作为其政策之一的 "美国联邦戏剧项目"（Federal one）。这是个什么政策呢？可以说是对艺术家失业的对策，给艺术家工作的政策。

例如，经济改革政策中有一个联邦美术项目。该美术项目中，把 5300 位美术家的画装饰在学校图书馆和医院等；在联邦音乐项目中，请了 1.6 万位音乐家在 300 万听众前进行公演，向 1500 位作曲家订购制作了 5500 首曲子；在联邦剧场项目中，1.2 万位剧作家聚集了演员和职员，新创作了 1200 电影作品并上演放映了；同样，也制作了广播剧，在联邦作家项目中，雇用了 6600 位作家，创作了 800 部作品。

和救济工厂的失业者一样，对各种各样的艺术家提供帮助，给予工作的机会和雇佣的机会。美国由此产生了非常多的艺术作品，从而使百老汇得以发展壮大，大规模的美术馆等也登场了，纽约变成了像巴黎那样的艺术都城。

美国在第二次世界大战后，很想再一次强化电影产业，为此推行了分离电影制片厂和电影院的运营政策。因为如果电影公司拥有电影院，电影的流通就会受到阻碍，变得难以引起竞争。竞争可以产生粗中炼精的效果。没有竞争的产业，终究是要衰退的。

电视台作为信息产业的流通公司，同样试图与制作节目的公司分离。由于推行了分离的做法，引来各种各样的人对电视台兜销作品。对电视台来说，可以从许多的作品中进行挑选购买需要的作品，从而增强了竞争。

那样一来，美国的好莱坞成为全世界的电影制造厂，美国的电视节目变得可以向全世界出口，时至今日依然如此。

在这个过程中也有与互联网关联的产业发展。美国的互联网进入实用化时代后，互联网也被普及了。有线电视在世界上也是最普及的，它整合了各种各样的流通渠道，与此相并行的是提高了信息产业的制造能力，所有媒体都介入，不用说向国内，更向全世界出口了。

现在，日本动画片产业在极其蓬勃地发展着。在世界上也有称日本是动画的制造厂商。如果动画片产业蓬勃发展，优秀的继承者也会大量地涌现。不仅仅在国内能利用有限的预算来创造电视节目和动画片，也能使 DVD 和互联网等各种各样的复制变得可能，占领世界市场也成为可能。增加更多的商业机会，动画片产业必将会产生良性的循环。

向海外发展这样的文化繁荣，为了协调与海外文化的竞争关系，自然要求企业有优秀的知识产权战略。

➢ 从商品贸易走向知识产权贸易

从明治时代以来，日本就是从外国进口原材料，然后在国内进行生产加工，做出产品出口，这就是所谓日本的"贸易立国"方针。然而由于国内工资的上升和日元升值原因，来自日本的出口商品在1990年是40万亿日元，到了2004年是58万亿日元，只增加了1.4倍❶。在此期间，日本企业在海外建立工厂，来自海外的专利使用费等维持了日本的研究开发费，好像提高了企业的利润收入。日本全部来自海外的专利费等收入，1990年是3600亿日元，2004年是1.4万亿日元，增长了4.4倍❷。如果日本在技术上一旦开发成功，为海外的工厂提供专利时由于不需要追加成本，专利费收入完全成为利润收入。如果暂时把出口的利润收入作为5%来计算，1.4万亿日元的专利费收入，相当于销售28万亿日元商品一样的利润收入。显而易见，技术出口的经济效果是非常大的。

另外，在日本购买个人电脑的话，相当一部分费用是向微软公司和英特尔公司等专利权人支付专利使用费。买手机时也要支付给美国高通公司基本专利费。迪士尼乐园的票价里面包含了支付给美国总部的费用，也听说近年全都上涨了10%以上。这样，日本向外国支付的不仅是石油和农产物、铁矿石等商品的货款，还有知识产权的支付比例也变得高了。因此，日本也正在从商品贸易时代走向知识产权贸易时代。

全世界也承认这个倾向，具体表现在世界贸易组织（WTO）谈判的《与贸易有关的知识产权协定》（TRIPS）上，即想出口商品的国家，同意保护他国的专利权、著作权和商标权。以往的

---

❶ "1.4倍"应为4.5%。——编辑注
❷ "4.4倍"应为2.89倍。——编辑注

《关税及贸易总协定》（GATT）时代，是世界经济商品的贸易时代，贸易谈判中心是商品的进口自由化和关税降低。随着知识社会的到来，与商品并列的知识产权贸易变得重要起来，与专利权和著作权有关的产业跨过国门圆满顺利地进入世界经济的市场。这是各国的希望，也是各国合意的结果。

2001 年，中国加入 WTO 的时候，大体规划了遵守 TRIPS、惩办山寨货的方案。此后，2006 年 4 月，时任中国国家主席胡锦涛访美，与时任美国总统布什进行了会谈，据报道，美国最关心的是人民币升值和怎样惩办山寨货商的问题。

俄罗斯加入世界贸易组织的谈判主题也是知识产权保护。

为了世界经济的发展，知识产权贸易的顺利发展变得非常重要。

尽管专利的一个原则是给予在世界上的最初发明，但是各国各自都在进行"专利审查的国别原则"，这成为知识产权贸易的最大障碍。这是根据贸易不发达时期的 1883 年《巴黎公约》的旧想法"专利审查的国别原则"，不保护专利的国家不能出口专利。贸易自由化给世界带来了经济的发展。科学技术没有国门，如果让专利自由化，世界的科学技术必定变得更容易进步。技术水准高，专利制度完备的先进国家之间，能认可彼此的专利，互相能直接往来。那样的话，技术人员为同样的专利在几个国家申请的手续也可省略，对企业来说也变得容易进入国际市场。高新技术在全世界普及，对各国人民来说是件非常好的事情。在欧洲，已经成功地在 31 个国家中制定了统一的欧洲专利制度（EPO）。参考这个经验，期盼尽早制定先进国家之间的能互相直接往来的专利制度。

第 *3* 章
内容商务的重要性在不断增加

➢ 成为国策的内容商务振兴

在日本知识产权战略本部，专利的重要性不必说，作为知识产权另一个重要支柱的著作权比以前得到更多的重视。

著书这个行为有内容和商务两面性。

内容性不必说，最近其商务性也大大地引人注目。由于内容商务的规模扩大，雇佣的机会也增加了，因此滋润了相关的产业。那些相关产业也有能力去拓宽市场，并且，由于现在是创作了好的作品就能简单地跨过国门的时代，日本的内容和艺术在全世界广泛传播，作为国家必须给予支援。

提高专利权和著作权是形成知识产权的两个车轮的意识，因此需要根据著作权进行产业的保护，现在该产业以内容商务作为总称。在日本知识产权推进计划中，考虑到内容商务的迅速发展，本书将用一章专门对内容商务进行论述。至今为止，对长期支撑日本的重要产业——动画和游戏，或电影和小说这样的内容商务的重要性有了认识。

像宫崎骏导演一手管理的吉卜力工作室（Studio Ghibli）一样，制造了一系列的作品，超越了一个企业的作用，其作品和形象角色提高了日本这个国家的品牌价值。就好像在美国说好莱坞大片和迪士尼一样，内容商务成为国家的宝贝。

日本知识产权推进计划中具有划时代意义的是综合性地分析了内容商务至今七零八落、各管各的状况。并且，作出了关于为内容商务的创造进行人才培养，成立为培养人才收集资金的基金组织，以及实施冒牌货对策等各种努力的决定。还有，关于内容商务的流通，现正作为出口产业进行培育。出口日本的内容商务，对改善日本的形象也非常有意义，可以说赋予如此地位还是第一次。

到现在为止，日本的内容商务，除了游戏软件，其他都是过度地、大幅度地进口，国内的内容商务停滞不前。为了将国内的内容商务培养成为国际产业，作为国家应该做些什么？这一点引起了各种各样的议论。

➢ 《内容商务产业振兴法》的制定

如上所述，内容商务不仅仅只是文化和艺术性，作为产业也必须使之成功。为此，必须持续摸索新的产业模式。结束认为艺术家应该贫穷的时代，改变对文化、银行和投资家不应该提供资金的旧识。

例如虽然在出口动画片，除了一部分外，其他的只是以很便宜的价格在海外销售，这样做是不行的。如果创造者和职员得不到丰富的回报，人才也培养不了，也不可能建立不断创作出好作品的循环。为此需要做些什么？应该具体地进行考虑才对。

在具体考虑中，国家制定了《内容商务产业振兴法》（"有关内容的创造、保护及利用的促进法"）。作为国家战略，这个法律显示了正在致力于对内容商务的振兴。有关内容商务振兴中应该准备的具体对策都被战略性地体系化了，涉及资金筹措和权利侵害的对策、海外发展、公正交易、关怀中小企业和消费者等。

有关内容商务的基本理念是：

① 充分地发挥制作者的创造性；

② 知识产权在国内外适当地被保护；

③ 促进圆满完成流通；

④ 促进经营者自身的发展等。

确实对该法赋予了有关内容商务的基本法地位。

顺便说一下，用这个法律作为规范对象的内容除了电影、音乐、漫画、动画片、游戏以外，还有演剧和表演、照片等（参见图 3 - 1）。

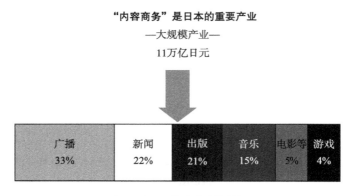

"内容商务"是日本的重要产业

—大规模产业—

11万亿日元

| 广播 33% | 新闻 22% | 出版 21% | 音乐 15% | 电影等 5% | 游戏 4% |

（2001年：经济产业省资料）

参考：20.8万亿日元（汽车）、5.2万亿日元（钢铁）

图 3 - 1　内容商务的规模

还有，作为知识产权战略本部的核心是建立内容商务与有关行政机构等联合体制的同时，使其政策反映在知识产权推进计划上，而政府的责任是落实与此相配套的法规、财政、金融上的措施和决定。

法律的力量使《内容商务产业振兴法》确实赋予知识产权这个"软件"能替代强权军事力量的地位。该立法背景是希望通过磨炼这个"软件"，就如美国的国策使得好莱坞大片兴盛到了极点一样，《内容商务产业振兴法》承担着作为面向世界的日本亲善大使的作用。

时任日本首相小泉纯一郎在 2006 年 1 月 20 日的施政方针演说中指出。"文化、艺术仅仅告诉我们，国家的魅力在世界上被传播，并且相信这些文化、艺术与有多种多样价值观的世界各国之间架起了连接的桥梁。不仅仅是传统文化，电影和动画片、时尚等，我国的文化、艺术在世界上也被高度评价，吸引了许多人。支援新涌现的、朝气蓬勃的人们的创作活动，充实或者让孩子们亲身感受我国文化、艺术活动的同时，也是培养日本品牌，向国内外广泛传递日本的信息。"

确实，内容商务的振兴是重新调整国家方针和立国政策的机会。

➢ 为国际产业培养内容商务

美国首先是有了技术进步，之后产生了媒体的进化。

由于摩尔斯电码的发明创造，诞生了有铃声的电话、爱迪生的留声机、收音机、电影以及电视机。电话机可以用一对一的声音进行交流，留声机能听到录制的音乐，收音机可以收听广播、新闻，音乐向非特定的听众播放而产生了商业，通过电影的登场实现了以图像作为交流手段，作为集大成的媒体是电视机的出现。

随着媒体内容的充实和表现手段的进步，在媒体中能得到播放的内容商务也连续不断地被创造出来了。在美国，技术与内容商务就是这样互相影响发展起来的，并且带动了产业模式发展到了今天。媒体工具的进步也促进了内容商务的发展。媒体工具和内容商务正是这样互相影响、共同发展才有了今天。

在日本现在认为理所当然地存在的交流工具、媒体设备，其实全部都是进口货，与硬件一起，也进口了内容商务。为此，不可回避的是，日本的内容商务制作只能是缓慢落后的结果。但是，日本有歌舞伎和能剧，以及浮世绘等这些传统的、灿烂的文学艺术。还有，当然不是由于想象力和创作力的民族劣性问题，像黑泽明制作的电影，倒不如说是制作了让世界认可的作品。

可是，对日本来说，要发展国际性内容商务有一堵很大的"墙壁"存在，那就是语言障碍。对于把英语作为母语的美国来说，没有那样的"墙壁"。日本人有"就算希望出口，反正也不可能"这样的念头而对出口死心。

另外，日本人脚上还有一个"枷锁"，那就是明治维新以来，日本的国策是殖产兴业并且为此全力以赴已成为整个日本的风气。为了能追赶上欧美，超过欧美，投入了最大努力的是工业。因此，日本人能制造优良的收音机和电视机，但是，对在其中播放的内容商务当时是无暇顾及了。

相比起来，可以说日本明治时代的意识维持到现在并取得了发展。能制造世界级的工业产品，不过，几乎没有制作出世界通用的内容商务。但是，现在不同了，现在的日本不仅仅制造工业产品，还能制作好的电视节目、好的电影。这种热情也在日益增强。日本人的意识在慢慢地、一点一点地开始变化了。

➢ 内容商务走向互联网时代

那么，互联网是怎样一回事？互联网也是首先在美国诞生的。应该说日本的互联网比美国晚 10 年才出现，并开始被世界瞩目，不过一般认为，日本现在的光导纤维的普及超过了美国。以前日本的通信费被说成是世界最贵的，现在是世界上最便宜的，日本完善了能提供快速度宽带的环境。总之，日本的基础设施成了世界第一。

其次还是内容商务。围绕这个内容商务，以各种形态在电视台和网络关联企业之间展开了频繁的收购战。一方面互联网电视机登场，另一方面电视机的数字化普及也在加速进行。

美国在很早以前就开始重视多媒体的发展，在内容商务的多种用途上下了很多功夫。不过国土的大小也是原因之一，日本的情况是电影在电影院、电视节目在电视机上映这个时代很长。现在这种状况正在迅速改变。电视与电影互相扶持、相互依存共同发展着。关于广播和通信的融合最后会以怎样的形态出现还不清楚，不过，现实中的相互融合正在进行着。这种发展也在加速中，越过了业界造成的隔阂，必须走竞争的协调路线。

技术进步正在日益加速着。到了互联网的时代，媒体上的距离问题这堵墙也消失了。电视播放基本上是国内的产业，不过，互联网是没有国界的。随着技术发展带来内容商务不断的变化，产业模式也必须连续不断地进行变化。现在的时代不是电影公司和电视台等保护自己现状的时代。

作为数字时代的特征之一，毫无疑问谁都能简单地成为创作者，博客就是其中的代表。所以现在可以说谁都是内容商务的创造者。

与博客发展互相结合，互联网的关联产业，也许良莠不齐，不过在这样大的时代流动中，互联网的关联产业都在拼命进取。如果不应对这个发展，就会成为落后于时代者。电视台、报业可以盘腿而坐的时代已经过去了。

➤ 振兴内容商务的各种努力

2004年4月，日本内阁知识产权战略本部内容商务专业调查部门制定了"内容商务振兴政策——软实力时代的国家战略"，并提供了政策建议。

著者认为在知识产权战略本部，对作为国策的内容商务的振兴投入力量的决定是跨出了非常大的一步。绝对不能把内容商务当作一项小型的经济活动。应该清除掉"知识分子即使一生贫困，也没有办法"以及"即使创作再好的作品也不行，反正是赤字"的想法。应该赋予内容商务重要的经济活动地位。

如今，日本制作的动画片在海外很多被称为 Japanimation（日本动画）。日本动画片和电视游戏等数字内容商务受到海外高度的评价。可是，日本在世界内容商务市场的比例大概不超过 10%，已被美国超过，与韩国和中国也是处于两国迫近、短兵相接的状况。无论如何，必须尽快摆脱内容商务贸易过量进口的处境。

因为这样的策划，同年 5 月日本制定了《内容商务产业振兴法》，不仅是为了提高艺术性，而且是希望作为产业产出更多成功的内容商务，调整了举国给予支援的体制。

同时日本修改了信托业法，制定了可以接受著作权的信托制度（参见第 5 章）。还有，修改了著作权法，如上论述的，使防止音乐唱片的回流成为可能。

为了振兴内容商务，对电视台的转包创作节目处于弱势的制作公司，需要用转包法给予保护。

另外，民间机构为此进行了以下的努力：

① 改变陈旧的惯例，把广播节目委托合同的规则近代化。制订电视台和节目制作公司等合同样本的同时，公布了电视台的自主基准。

② 为了培养对内容商务熟悉的律师，建立了娱乐律师网络。会员包括创作者，达到了 500 人。

③ 在大学等培养电影制片人和创作者等专业人才。

④ 针对推进面向影视产业的全面振兴，设立了民间辅助机构，设立了影视产业振兴机构。

⑤ 决定使东京国际电影节和威尼斯电影节、戛纳电影节齐名。

全国各地的电影委员会也被组织起来了（参见图 3 - 2）。所谓国际电影委员会是为了招来电影、电视剧、广告等所有种类的外景拍摄和摄影，顺利地推进实际外景拍摄的非营利公共机构组织。参与该国际电影委员会的有关活动，也能成为知识产权的商务活动。

图 3 - 2　日本全国的电影委员会分布

注：日本全国有 93 个电影团体在进行活动。

现在，仅仅国际电影委员会协会（AFCI）的加盟者，全世界 41 个国家就有 307 个团体，不过，很多是由自治团体组织起来的。关于日本的都道府、县、市、商工会议所，旅游联盟和旅游协会等组织也在配合进行着电影委员会协会的工作。在这些工作中，考虑到地区给摄影提供的方便和摄影给该地区带来的经济效果，手续费等全部免费。

这些外景拍摄成为市、镇、村很好的宣传材料，伴随外景拍摄直接带来的经济效果，也成为该区、街建设的一部分。有名的节目放映和作品发表之后，这些外景拍摄地的游客增加了，在拍摄外景的地区，也期待着其经济效果。

➤ 被期待的内容商务基金

现在各省厅联合支援内容商务事业，各自治团体也能持为摄影等协力的姿态。经济团体联合会也设立影视产业振兴机构，开始支援内容商务事业。

作为这样一连串活动的具体目标，2005 年内容商务产业的规模预算被认为是 13 万亿日元，2010 年预算要达到 17 万亿日元的规模。这是钢铁产业的 2 倍、汽车产业一半的规模。

并且，也推进了健全的融资制度和基金组成。对信息披露（信息公开）形式也进行了讨论。这里所谓的基金被称作内容商务的基金，是指从投资家筹集需要的资金，分散内容商务产业化过程中的风险，如果有利润可以分配给出资者的组织结构。

以电影为例，以前电影的制作由电影公司单独提供资金，最近是多个企业组成制作委员会，从演出收入及 DVD 的销售中进行利益分配的方式。

现在以个人作为对象，以银行和事业公司作为对象，组成了许多的内容商务基金，其中产生的电影也不少，如《回忆心跳》《SINOBI》《北斗神拳》等（参见图 3－3 和图 3－4）。

"北斗基金" 的概念

对《北斗神拳》电影及 OVA 投资，通过进出口许可证运用等，以获得收益作为目标。

商品投资卖主　　SMBC 朋友证券株式会社

指定业务托付处　株式会社 North Stars Pictures

信托设定日　　　2005 年 11 月 30 日

信托期间届满日　2010 年 3 月 31 日（预定）

※　合同不能转让和中途解约

募集金额　　　　约 25 亿日元（其中个人投资者的上限是 5 亿日元）

募集单位　　　　投资下限为 10 万日元，上限为 100 万日元

申请期间　　　　从 2005 年 10 月 16 日到 2005 年 11 月 14 日

※　需要在 SMBC 朋友证券株式会社开户

图 3 - 3　北斗神拳

但是，在利用内容商务基金方面，电影产业比以前任何时候都受重视。为此，强化对随便超过预算、随便延长制作时间的现象的管理，主张没有经济观念的作家也变得难以得到支持，从而督促了电影摄制管理者。

作为创作者，需要在那样的管理下进行制作活动。电影的制造需要很多的资金。虽然没有达到像好莱坞那样的地步，但在日

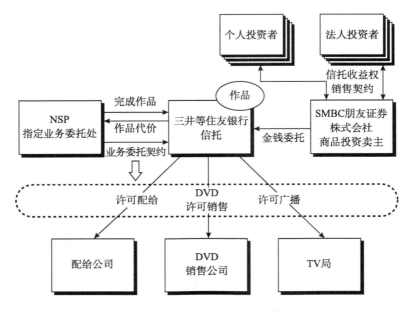

图 3-4　内容商务基金集资·运用的例子

本制作费超过 10 亿日元的电影也不少了。因为汇集了那么高金额的费用，因此电影的制造不能亏损。所以要进行预算管理，确保收益，这是产业的逻辑。

在美国，制片人制度已经扎下根了。制片人对投资家作讲演，吸引投资。制作如日本电话簿那么厚的制片预算评估资料，当实际进入电影摄制后，他会不厌其烦地检查进展情形。制片人认真地进行资金和时间的管理。而在日本，多年以来都是超级糊涂账，没有预算和评估造价这个概念。外部的人即使投资该产业也不会认为是好的产业。

➢ 寻求能把文化和艺术做成商业的人才

直到现在，在日本的教育现实中要说到艺术就认为是音乐和绘画。美国则不同，电影、音乐及广播和电视节目，全部被归类为艺术。也就是说，新的媒体，交流手段等内容，全部被纳入艺术范畴。适应时代需求的内容商务教育、综合性处理技能教育也在美国各大学得到普及。

日本要想做到像美国那样，首先要改变对艺术内涵的认识是先决条件。美国有很多培养电影人才的大学，而日本却非常少。

关于人才，作为又一个重点想指出的是，在美国电影公司的董事长有律师资格的非常多。为什么会那样？因为电影和电视节目确实与著作权紧密相关，签订不同的合同，得到的价值也完全不同。

在导演周围有剧作家、演员角色、作曲家等，很多的著作权者集聚起来才能把电影和电视节目做成。当然，要投入相当高额的资金。作为成果的作品具有非常高的价值，确实是无形财产，因此，这些作品必须在法律上得到保护。与大量著作权者建立怎样的关系才好？怎么销售才好？应该怎么设定演出权和二次使用权？这些全部在头脑中组织好后才能制订预算，所以对法律精通的董事长才有能力去那样做。

然而，在日本电影界，不要说有董事长式的人才，这样的人才几乎不存在。因此，电影制作后往往开始发生权利关系的纠纷，例如是否要做成 DVD？是否要出口这样的多种用途？如果多种用途定不下来的话，销售额和利益也会很有限，也会产生难以聚集足够资金的恶性循环。如果资金不能到位，那么也就不能支付职员和演员角色的酬金，所以必须通过各种各样的渠道，尽可能吸引全世界更多的人来观看制作的电影。

到现在为止，在日本电影产业中几乎没有出现那样的人才。也就是说，在日本电影产业中没有法律家，也没有擅长会计和财务的人才和优秀的推销员，有的只是艺术家。

因此，出现了作为在产业和艺术之间架桥的人才培养及其重要性的课题。东京大学的内容商务创造科学产学联合教育研究项

目可以说是迎合了现实的需要。这个研究项目的设置得到了文部
科学省的科学技术振兴调整费的资助，从 2004 年开始用 5 年的计
划进行。

这个研究项目的目标是，培养有 IT 等尖端科学技术的知识、
能打开国际产业局面的制片人，能正确地判断内容商务制作领域
的技术需求并进行新技术开发的开发者。

为此，各界的杰出人士被邀请作为研究项目的客座教授。如
角川控股公司的 CEO 角川历彦、吉卜力工作室（Studio Ghibli）
的代表铃木敏夫、电影导演大友克洋先生、电影导演押井守先生、
漫画家井上雄彦先生，以及其他游戏机制造厂、银行和法律界人
士等杰出人物聚集在一起。这是一个非常有趣的研究项目。

➤ 产业模式是否能赶上技术的进步？

新的媒体今后会连续不断地出来，比如数字电视机登场了，
用手机看电视广播的单频段传输广播开始了，还有宽带的普及产
生了互联网电视机，像 iPod 一样的 MP3 播放器也普及了，在互联
网上也开始了能用文字公开发表文章的博客。电视机时代绝对不
是已经见顶的时代。

这种现状如前文中所述，对创作者来说意味着活跃的场所在
扩大。应该说，有限的媒体隐藏着无限的可能性，因此产业必将
扩大再生产。

作为电视台，在公司内部能制作内容商务的不仅是电视台，
也对网络广播投入了力量。并且，通过互联网向全世界发出信息，
这样的事也变得可能。一般认为互联网是通信手段，不是广播途
径，不过，今后完全有可能在互联网上自由地使用通信和广播。
和电影一样，向世界各国销售的机会被扩大了。

音乐也是如此。不需要困惑"光盘应该压缩成几张"等事

情。能以特别少的营业成本完成网络传播，对音乐公司来说也能带来利益。当然，对试着想成为歌手和音乐家的年轻人来说，到达初次亮相的路程大幅度地被缩短了，可以说能初次亮相的可能性也增加了。期待更多更好的、有才能的人登场，也期待产生更多风靡一时的像《电车男》一样的作品出现。富有魅力的博客内容可以出版为书籍，在此基础上还可被制成电影。

粗糙的作品会给人外行的感觉，但要珍惜作品给人的新鲜感觉，这一点很重要。专业者制作的作品的价值今后不会被降低，不过，今后外行制作作品的机会也会变得多起来了。人们要有宽大深厚的胸怀，这样才有可能扩大内容商务的多样性。

➤ 现在大学也开始行动起来了

2002 年，互联网公开了虚构的竞技滑雪模仿滑稽作品——CG动画片，制作《双人跳台滑雪》的真岛理一郎先生，就是通过数字好莱坞大学学习 3DCG 的人。他的毕业作品就是制作了《双人跳台滑雪》，得到了日本数字内容最优秀奖"金的翼"以及其他诸多国内竞赛奖。也在海外多个电影节放映，博得广泛好评。

著者考虑到这么做肯定会人才辈出。实际上，许多人才已经开始诞生了，成为"内容商务成就人才"。如果优秀的人才不成长，内容商务就繁盛不起来，也就不能持续发展。

从前都说人才是在现实敲打中练成的。认为"即使在学校之类的地方学习了，学校那里的东西在现实中也不会派上什么用场"。与这种观点不同，在美国，人们优先选择去学校学习，在大学学习社会有用的东西。为什么？因为在美国，大学教学对现实社会有用的东西。日本的教育场所现在总算开始变化了，正在向建设基础教育和应用科学都重视的学校发展。

如果就与内容商务关联来说，特别是对数字时代有用的技术和经验最好是在学校里学习。艺术的重要性是不变的，但是跟上技术进步也是不可缺少的。广告助理导演和副导演即使工作了多年，光是那些技术和经验也是跟不上时代的。另外也需要连续不断地使用新技术、新的作品制作方法，掌握新的发表办法等。

日本的电影界和电视台等内容商务的领域，很多至今还在使用旧的技术和旧的理论继续创作活动。这样在世界的竞争中必然不可能取胜。

日本的机器制造厂制造了最尖端的影像机器，不是在日本使用，而是首先被美国好莱坞拿去使用了，好莱坞的职员使用最尖端的影像机器制作影视作品。当那个方法在美国扎根的时候，终于在日本也开始使用了。总之，即使是来自日本的技术和装置，日本人自己使用这些技术和装置在世界上不是第 2 名，就是第 3 名的。可见日本的内容商务领域进取精神很少。

不仅仅是数字技术，还有在大学好好地、系统地学习各种各样知识，这变得越发重要。当然，导演业务和写剧本的也同样，法务和会计的知识对内容商务也有用，人才管理和经营管理的经验技术也很重要。通过那些掌握法务和会计知识、具有人才管理和经营管理经验的技术人才的大量流入，日本的内容商务才能走向成功之道。

当然，为此需要的不仅仅是大学的改变，还有大学生将来毕业以后要去工作的单位，那些旧的想法也要改变。如果不是那样的话，不能在真正意义上实现产业和学校相互协调的路线。

在与论述 MBA（工商管理硕士）和 MOT（技术管理）时一样。必须加强产业界和大学的人才交流。在内容商务的现实工作人员，根据需要应去研究生院。在实践中活跃的创作者，可以作为讲师站立在讲坛上。这样学生不仅仅能学习理论，还能在实践中学习，可以作为产业现实中职员的技术和经验进行口传，也能确保创作者的"用武之地"和见习之处。

➤ 学习内容商务的地方

庆应大学的数字媒体内容商务综合研究机构（DMC），与东京大学的情况相同。在 2004 年，该两所大学经过评审确定采纳并设立了数字媒体和内容商务综合研究机构，其被文部科学省作为"战略性研究项目培养"的重点大学。其研究机构的定义是"通过利用数码内容素材为目的而生成、编辑、加工、整合后形成设计，推进数字上下文的创造和与其他研究部门联合的研究开发、促进国际流通、人才培养的组织"（参见图 3 – 5）。

- 庆应大学 5 个校园分别设置了 4 个国际据点的网络作为基础开放的机构
- 与约 15 个世界研究机构合作
- 机构负责人有统管权限，根据需要可以随时雇用研究人员和技术人员

（责任期制，长驻当地，在其他研究机构的兼职等）

- 合并研究部门

内容设计和应用研究单位、远程教育单位、尖端媒体技术研究单位、尖端内容技术研究单位、国际流通和安全性基础研究单位、国际知识产权和标准化战略研究单位

- 推进合并部门

研究部门的推进支援、推进培养新型企业、大规模数据库的运用、为普及利用的安全性认证、知识产权取得、利用和保护等业务

- 评价委员会、伦理委员会

由校外人员和大学学校内成员构成

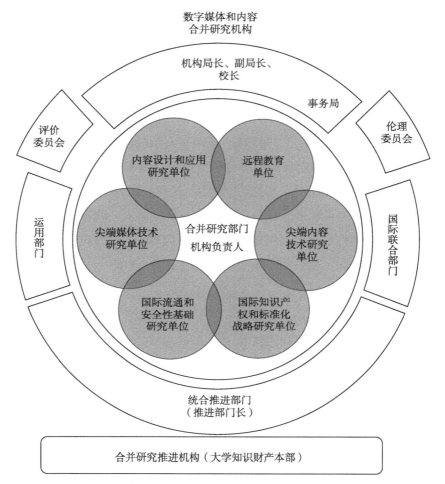

图 3 - 5　数字媒体和内容商务综合研究机构的研究体制

注：本图根据数字媒体和内容商务综合研究机构发表的资料整理。

　　如果说，担负数字内容的进化也被称为"数字上下文"，把开拓新的产业领域作为目的，并且，最终打算建立新的学术体系和数字内容专业的研究生院，那么现在是为实现该目标的准备阶段。据说在实验室内设置了 5 个框架，进行内容的创造和制作、内容的资源化与流通、媒体环境、内容知识产权管理、内容商务政策各自项目的研究开发，把该研究成果向国际公布。

为此，庆应大学连续 5 年每年得到 10 亿日元金额的补贴金，并使用该资金在 5 个校区分别设置了数字工作室，作为整合非线性编辑、CG 制作、音乐编辑、教材作成环境的数码内容创造基地。设置国际教育学科，培养数码内容的设计师，数字媒体和内容技术尖端研究人员和技术人员，数码内容的流通、知识产权和标准化等国际性专家，希望不断培养出这样的人才。

庆应大学与上文介绍的东京大学依靠外部的人才研究项目不同，庆应大学的教授是从本校各系集聚起来进行研究，对学生进行教育。

还有 2005 年 4 月在横滨市开设了电影专业的东京艺术大学，其目的是培养"能创造被世界接受的影视作品的创造者，以及培养拥有丰富的专业知识和艺术知识的电影摄制技术人员"。学校的全部课程被大致区分为自主性创作活动和电影艺术研究两大部分。同时，北野武导演担任客座教授引起了社会各界的关注。

这样的趋势也影响着其他大学。如大阪艺术大学的人物造型专业就是其中的一个。这里把培养漫画家、动画片绘制者、游戏和 CG 设计师、制片人、美术指导、编辑等创作者作为本专业目标。著名的《带子狼》剧作家小池一夫先生作为研究科科长，除了他以外，池上辽一、永井豪、吉元正和里中满智子等著名漫画家也都到齐了。

可是，这里绝对不是举行漫画家培养讲座，而是制作形象角色的培育。如果被制作的形象角色人物可以开始"活动"了，那么根据该形象角色人物作为结果可以制作漫画，也可以制作电影，还可以制作电视节目，或可成为商品。这样做也称为"站立角色活化"，这样的构思是科学的，即漫画创作放在这个科学的构思基础上。

日本的漫画和动画片在全世界深受欢迎。《千与千寻》是在吉卜力工作室（Studio Ghibli）诞生的作品、在全世界被认为有 3 万亿日元市场的作品《神奇宝贝》、在好莱坞预定拍摄《龙珠》电影、在全世界播放的《美少女战士 TV 版》等。日本在动画片、形象角色产业方面是独占鳌头。比如秋叶原被认为是动画片的圣地，有很多从海外来的动画片爱好者，爱知万国博览会上召开的形象角色扮演首脑会议也是盛况空前。

如果在以前，去大学学习漫画是不可饶恕的错误，然而现在是 180 度大转弯，已经到了在大学系统学习形象角色制作的时代了。

➤ 《狮子王》是《森林大帝》的剽窃作品？

为呼应知识产权战略本部的活动，小池一夫先生写了《把握住知识产权时代钥匙的角色原理》这本书。此书在"角色是否被保护了？"一章中介绍了以下的事例。

沃尔特·迪士尼创造了"幸运兔子的奥斯瓦尔德"这个角色，因被欺骗而失去了该作品的权利。失意的沃尔特·迪士尼，与伙伴尤布·伊沃克斯一起制作的另一个角色是米老鼠。因此迪士尼公司，比哪里都严格管理本公司的形象角色的著作权。

可是，也有与此相反的情况。迪士尼公司的《狮子王》被怀疑是手冢治虫先生的《森林大帝》的剽窃作品。关于这件事，因为手冢治虫先生出于对沃尔特·迪士尼的尊敬，所以并没有主张著作权。另外，最近在美国的联邦通信委员会的官方主页上出现与《机器猫》一模一样的形象角色。《机器猫》的著者藤子·F.不二雄对此提出了警告，据说几个月之后该形象角色被删除了（即 2006 年 7 月）。

小池一夫先生在书中作为引证举出这些事例，并在书中解说道"人的文化是从模仿的积累中而来，从哪里到哪里是模仿？从哪里到哪里是剽窃？要进行清楚的划分是非常难的……所谓在作品中的个性不是故事，故事的形式已经被固定了，那么，作品的个性是什么？就是形象角色。其他人创作不出来的或其他作品中不存在的极具特点的形象角色，这样的角色是别人无法模仿的"。

著者确实有相同的想法。不过，这并不表明著者想说的故事情节处于次要地位。就像大家与本人的想法一样，故事中角色的重要性是没有错的。如果那个角色被大家喜爱，就会认可那个地地道道的知识产权，也不会发生纠纷。有这样想法的不仅仅是著者吧。

大阪艺术大学的人物造型专业，报考人数是招收人数的几倍，该专业成为最受欢迎的专业。

小池一夫先生就像帮助知识产权战略本部的活动一样，对各种各样的人的请求一视同仁，为使日本的内容商务成为宝贵的财富到处奔走着。例如从说明内容商务的重要性，到推进政府的知识产权战略，以及振兴内容商务和决定 CJ 标志的实施。角川历彦先生也是其中一位。现在各行各业的人们亲自行动，形成了自由、松散型的网络，加速了内容商务振兴的实施。

21 世纪是文化力量的时代。需要把日本的优点告诉世界——日本文化力量的独创性和传统，磨炼与自然协调的能力，确立应该称为日本品牌的商品，向世界发出信息，展示出一个被世界所爱、被世界尊敬的日本。

日本还有食文化和地域品牌，以及时尚等各种各样的要素。其中也有代表日本动漫画和电视游戏、电影等内容商务的重要要素（参见图 3 –6）。

图3-6　大阪艺术大学发行的漫画杂志《大学漫画》

➤ 抓紧内容商务人才的培养

最后介绍一下知识产权战略本部的内容专业调查会，在2003年的总结中——关于《内容商务人才的培养》（参见图3-7），显示了所需要的内容商务制作人才和培养这些人才的方案，其中在"企业计划开发""项目管理""流通战略"领域内缺乏对法律专业精通的人，因此日本对签订著作权的使用合同不太在行，为此无法进行DVD销售，也无法进行出口，作为商务尚未成熟起来。另外，能全面制订预算、筹措资金、通过销售回收费用的商务性制片人也很少。在美国约有600所学校内设立了电影系、影像系、电视系，与此相比，日本只有约30所学校。对娱乐商务精通的律师，在美国约有4000人，而在日本，根据数年前的信息仅在东京约有10名。

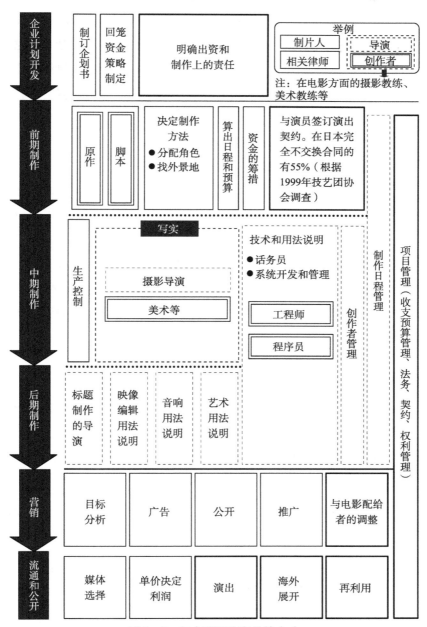

图3-7 与内容制作有关的人才

注：根据浜野保树《表现的商务》（数据商品目录白皮书2002年），2003年制作。

几年前就有分析说，在"制作领域"中，缺乏创造给予青年人制作机会的组织结构，人才发掘也不足，新技术的引进也是美国掌握主动权。其原因是没有在电影领域给予青年人成为"跃龙门"获奖的机会，同时，也指出在大学里没有作为内容制作需要的最新技术和动画片研究开发的基地，也没有提供给内容制作者之间交流的场所。

为此，本书提出了以下四个方面的建议：

① 建立内容专业的职业性大学院

设置培养技术、法律、财务、管理出色的制片人，与娱乐法相关的律师，导演专业技术的职业性大学，推进产业界与学校联合。

② 确保进修和交流的机会

扩展海外留学制度。奖励娱乐商务有关人员和律师、研究人员等组织研究会的实施，奖励由律师协会主办的适合律师讲习和进修会的实施，以娱乐业界为主开设赞助讲座等。

③ 制定人才早期发掘的组织结构

充实各种比赛和活动，以及创设表彰出色青年的制度。

④ 新技术的开发和利用，研究教育最尖端的影像制作技术的机构，数码图形的最尖端电脑技术和内容制作技术的融合

根据这样的建议，现在国家正计划安排内容商务人才的扩充。

第4章
培养知识产权的专家

➤ 至今为止的常识已经不适用知识产权的时代了

例如，关于"JUSTSYSTEM"处理日语文字的"一太郎"软件，被松下电器产业公司以"侵害了本公司的专利权"为理由提起了诉讼。这个案子在东京地方裁判所审判时作出了侵害松下电器产业公司专利权的判决。但此后被日本知识产权高等法院否定，认为这个专利是无效的。

审判这样的与专利侵权等知识产权关联案件的法官，当然应该是法律专家才行。不过，如果对个人电脑和文字处理软件技术有详细了解的人作为法官的话，会增加对判决更多的认同感。如果没有使用过个人电脑的法官要判断这类案件，怀疑其判决应该是可以理解的。

如前所述，2005年4月，日本成立了知识产权高等法院。该高等法院受理对专利权和计算机软件版权的侵权诉讼的二审，以及对特许厅裁定不服的诉讼。

到了知识产权时代的话，要求培养法律和技术都非常专业的技术型法官的时代必将到来。以前所谓的法律家，只学习法律，走文科的道路，存在与理科无缘的事实。他们为了通过司法考试必须学习需要的学问，进入法学系后，也不去上学而是去上补习学校等，这样视野不断变窄变短。然后才能取得资格，成为法律家。

对于除法律理论以外其他什么也没学习的人成为法官，在专利纠纷领域裁判最尖端的技术，国民是难以理解的。当然，知识产权高等法院，可以说有安全措施，也存在技术性专家。除了 18 名法官以外，还有具备专业知识的 11 名调查官，约配备齐了 170 名专业人员。对于专利权纠纷的技术性诉讼，第一审在东京地方裁判所、大阪地方裁判所进行集中审理。顺便说明一下，2003 年的时候，全国的地方裁判所经办的相关知识产权诉讼的平均审理所需要时间约 15 个月，约为 10 年前的一半，加快了审判速度。

可是，从这件事可以明白，到了知识产权时代也需要人才的变化。一个国家只有不懂技术的法律专家，知识产权立国也难实现。现在要求除去文科和理科的分界，培养更多视野宽广的知识产权专家。

对于从事贸易的人来说也是同样，即使技术人员和艺术家能操作个人电脑和具备英语能力，但知识产权的知识是必修课。

如果不知道那些知识，作为艺术家即使成为第一流，从贸易这个角度来看很可能会做出赔钱的事情。就像《森林大帝》和《狮子王》事件那样，手冢治虫先生方面并没有去告发和请求赔偿著作权费。这说明手冢治虫先生非常有气度，不过作为贸易是做了大赔钱的事。不仅仅是手冢治虫先生所在的公司亏损了，没能挣得那份外汇的日本也是亏损了。像这样的情况有很多，即使是签订了正当的合同，复制权等比美国行情便宜相当多的情况也是屡见不鲜。

当然，不仅仅是著作权亏损大，还有专利。因为权利取得的方法不好，受亏损的情况也会很多。

即使在技术上可举出取得成功的例子，例如手机和高清晰度电视，日本因过度重视国内市场，其结果没有成为世界标准。而在该过程中其他国家的技术前进了，取得了世界标准。可见日本手机和高清晰度电视事例绝对不是能被赞扬的。更不用说在高清晰度电视的开发上投入了国民的收听费和收视费。也有人说这个可以作为失败学中的参考事例。

因此，只有将划时代的技术好好地给予专利保护，瞄准世界专利市场战略好好筹划和脚踏实地地实行，才能成为世界标准，才能给国家带来财富。

➢ 要求 5 种类型的知识产权专家人才

"知识产权如其人"这个认识非常重要。

举国上下致力于知识产权人才的培养，日本知识产权战略本部于 2006 年 1 月制定了"知识产权人才培养综合战略"。知识产权人才的数量在增加，其质量也在提高。

首先是数量，日本现在约有 6 万名知识产权人才。所谓知识产权人才是指申请专利的代理人、企业负责知识产权的管理者、特许厅负责审查申请专利的工作人员、法院的专业法官、海关监管人员以及大学知识产权法的研究人员和负责技术转让机构（TLO）的技术进出口许可证以及联合人才等。

顺便介绍一下 TLO 的作用。TLO 是发掘和评价大学研究人员的研究成果，进行专利化和向企业转让技术的机构。它担负着从大学产生新兴企业或新兴产业，通过给企业专利权的许可实施，将得到的资金反馈给研究人员的责任。

在这 6 万名人才中，具体认为，企业知识产权的负责人约有4.5 万人，专利代理人约 7000 人（这大概是美国的 1/3）。2015年之前，日本的专利代理人数预计比现在增加 2 倍，达到一二万人。

要求今后的知识产权人才具有新的资历和素质。就像下面的人才。

① 活跃在国际舞台上的人才。

销售额的一半以上来自海外市场的企业也在增加着。专利不仅仅要保护国内市场，还要具有保护国际市场的功能。需要完全掌握外语，具备国际上进行谈判的能力。

② 能理解高新技术的人才。

技术在日新月异地发展，而且进步的速度加快了。在连续不断产生的新技术领域，必定是专利竞争的市场。依赖学生时代学习的旧的技术知识，必将是落伍者。未来的人才必须了解纳米技术和生物领域的高新技术。

③ 复合人才。

因为活用知识产权的领域在扩大，所以仅仅通晓知识产权的法律知识是不行的，还需要有通晓技术和企业经营的人才。

④ 能在知识产权竞争中取胜的经营人才。

以前认为，有关专利的经营事务都委托给知识产权部，没有必要掌握细节。那么在现在的知识产权领域中是不行的。因为在知识社会，技术或者著作权起到了决定性的作用，所以需要活用知识产权才行。知识社会的商务计划，经营战略与以前相比有了很大的变化。对于经营者来说，如果不亲自领导专利战略、著作权战略好像不行了。

据说好莱坞电影公司的董事长多数是法律家。现在是需要多才多艺人才的时代，在内容商务的业务领域，只由艺术家组成的时代已经结束了。

⑤ 在中小企业和地域内能起作用的人才。

到现在为止，专利战略好像只是大企业要做的事。在第 1 章中已经说明，今后中小企业更需要重视知识产权战略。在中小企业中如果没有处理知识产权人才的话，就需要有人才或组织给予它们援助。只有在中小企业得到充实后，才能实行好作为国家平衡的知识产权战略。

➤ 按时代的要求改革教育现状

为了培养这些知识产权人才，尽量将更多这样的知识产权人才输送到社会，当然现在的日本大学和研究生院必须进行改变。譬如，期待法律系研究生院和知识产权专门技术职务研究生院。在这样的地方，让技术强的人入学，让有贸易经验的社会人入学。这样，就能培养出擅长法律和技术，或具有法律和贸易专长的混合型人才。

更进一步说，大学各系也必须允许跨院系设置知识产权课程。到现在为止，在读工程系和艺术系的学生，不需要学习专利法和著作权法中所说的权利。今后，即使在那样的系，就像学习电脑和英语一样，在学习技术和艺术的同时也要学习专利法和著作权法就变得重要起来。把自己的作品作为贸易进行，让更多的人来看自己的作品。

为此，也应该预先知道关于这些权利的再利用和三次利用的可能性。守护自己的权利，为了活用这些权利要学习知识，技术员和艺术家也应该加紧学习如何保护自身的知识产权这方面的教育。

知识产权战略本部对各大学提出要求，希望各大学的工程系也要设置知识产权法等科目，并应该给予成绩。

2003 年诞生的大阪工业大学知识产权系，是在日本第一次专门为培养知识产权人才设置的教育专业系。

一般来说，在日本一名专利代理人配有 5 名法律专职助手（法律事务助理），律师也是如此。日本现在虽然有增加律师和专利代理人的计划，但是如果仅仅增加律师和专利代理人，而这个法律的专职助手不增加的话，也不能发挥有效的作用。为了增加这样的人才，知识产权系的存在也变得非常重要起来。

同时需要加强对成年人的进修。即使现在，知识产权协会、专利代理人协会、发明协会等也组织这样的进修。不过，今后不是七零八落地进行知识产权进修，而是彼此协力，制作教科书、互相派遣讲师等，增加有效的、能出成果的进修。当然，也可以对政府进行政策性建议。这样的活动也已经开始了，根据这样的考虑，2006 年 3 月，政府发起和组织了知识产权人才培养促进协会。

➢ 开始对启动技术专业的研究生院寄予期待

在开始 1991 年的司法考试制度修改时，日本也进行了法律家培养制度的改革。2004 年 4 月开始，日本首先在 68 所高校法律系研究生院内成立了法官学院（Law School）。

对这些法律系研究生院，希望"务必培养出在技术和法律上都精通的律师和法官"，全国的法律系研究生院增加了知识产权学科，这是划时代的事。现在，知识产权法像民法、刑法、宪法一样，变成了法律家必须进修的重要科目，并赋予了知识产权法在法学上的地位。从 2006 年开始日本更加重视知识产权法，知识产权法成为新司法考试的选修课之一，这样明确了促使律师走上对知识产权法精通的道路。

希望今后学完法律系的研究生院学生，在新司法考试中成为合格法律家的人尽可能有更多的专利律师（专利方面的法律专家）和文化、娱乐、传媒法律师，或作为知识产权高等法院的法官活跃在日本的司法界。

还有被期待的是作为知识产权人才的教育机构之一"知识产权专业技术研究生院"。现在的专业技术研究生院，与以前研究生院培养的研究人员不同，开始重视根据各职业领域的特点进行实践性的教育，成为培养对专业领域精通的实际业务专家的机构。

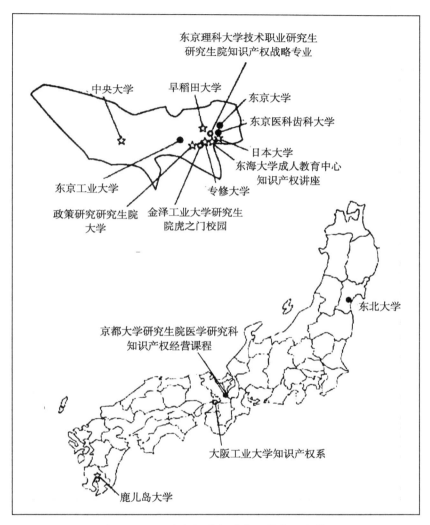

图4－1　设有知识产权法专业的主要大学

注：☆ 大学内法律系研究生院设置有关知识产权高度专业技术职业人才培养的教育课程。

● 根据日本文部科学省"培养新兴领域人才"的要求，设置有知识产权教育课程的大学。

2005 年，东京理科大学和大阪工业大学同时在日本第一次设立了 2 年制的知识产权专业技术职业研究生院。一个学期有 90 名研究生院学生，每天完全泡在知识产权的课堂中学习。2/3 的学生是成年人，余下的是从学部考上来的学生。据说因为从学部考上来的学生与成年人学生混合在一起学习，自然能掌握社会性知识。

成年人的上课时间是从星期一至星期五的下午六点半开始和星期六的全日制，相当严厉。正因为如此，全心致力于听课的姿势是非常认真的，著者也担任着知识产权战略论的综合性课程，也感受到学生对学习的热情。

知识产权专业技术研究生院的第一个魅力是丰富多彩的讲师阵容。为了对以提高技能为目标的成年人进行高等专业性职业能力的教育，讲师都是由多年从事实际业务的人承担。东京理科大学的讲师阵容，1/3 是知识产权法的法律学者和律师，剩余的讲师是企业知识产权部和研究开发部门与知识产权密切相关的企业知识产权部部长、TLO 总经理、特许厅审查官、有经验的审判官和专利代理人等知识产权专家。

第二个魅力是在实际业务中能发挥作用的、丰富多彩的教学课程。除了知识产权相关的法律科目以外，有知识产权合同和许可、知识产权贸易谈判、知识产权诉讼、知识产权战略、技术转让、知识产权评价等发展性学习科目，再加上有新兴企业的创业者概论、金融、生物和纳米技术、国际交易法等学习科目。学生们多以毕业后成为知识产权专家为目标来选择进修科目。

另外，该研究生院与日本专利代理人协会共同研究了"为了培养知识产权专家的教育方法的开发"，也实施了招聘校外著名的知识产权企业专家的知识产权战略研讨会（从校外来的也可以参加）等。

技术管理（MOT）作为学校的课程之一也被全部导入。例如，在东京工业大学的改革管理研究科，培养着从承担技术创造到事业化战略的经营者和技术负责人。其中注重专业性教学知识产权权利化和活用的专业。

金泽工业大学的知识创造系统专业是成年人一年制的研究生院，在虎之门校园内的夜间课程进行。"知识产权专家"的课程非常受欢迎。

备受社会关注的是于2004年建校的京都大学医学研究院的知识产权经营学课程。这是日本在生命科学领域里第一次进行知识产权教育，对从大学出发的新兴企业的发展贡献也寄予了希望。尖端医疗、再生医疗和生物等生命科学领域，研究费是固定的，可是在生命科学领域内怎样保护知识产权，怎样使研究成果应用到医疗及回应患者的期待，知识产权战略将发挥很大的作用。精通医学和知识产权两方面的专家诞生也为期不远了。

➤ 博士后的有效利用也不可缺少

在日本取得博士学位和博士后的人才有很多。所谓博士后，就是指在取得博士学位之后，在研究机构作为研究人员任期几年的人。在美国，工学部和理学部即使取得博士学位，也不能成为研究人员，大多数成为经营企业的人才。在日本，也希望这样的人才不仅仅成为研究人员，更希望他们向着成为知识产权专家的方向发展。

如果可以这样的话，比如遇到是不是新发现的生物染色体组相关联的专利申请，就可以容易判断是否真的是最新发现的。以前在大学理科也仅仅学习了一些生物概念的人，也不知道关于生物染色体组。在专利申请中还是需要有专业知识的人才，当然这不只是生物染色体组的事。

如果精通最尖端科技的人才，也能掌握法律知识的话，那才是真正的"双料人才"。这个时代不是说取得了博士学位，人生的将来就可安定的。想以研究人员一条路走到底的人也不多。需要对这样的人才提供转向专利律师（在专利方面的法律专家）等知识产权专家方向发展的人生之路。

在议论这个问题时，提到为博士学位取得者和博士后的人入法律学院时，提供优待措施和补助现在看来是不行的。这样做会违犯平等的精神，所以说不能实现这一点也是遗憾的事。

特许厅正在致力于有期限的审查官制度。不过从 2004 年开始的 5 年内将雇用 500 名审查官，其中博士也不少。特许厅的审查官，多数是取得学士和硕士者，而现在增加了许多博士，这个也是至今为止没有过的倾向。希望也能出现专利申请代理人的博士后。

日本政府有科学技术总体规划。在 2006 年 3 月决定的第三期计划，从 2006 年度开始的 5 年，计划投资 25 万亿日元进行研究开发。在国家预算缩减的情况下，可以说是例外中的例外。其中的最重点项目之一是科学技术人才的培养。

问题是，所谓科学技术人才是怎样的人才？当然，如果不创造知识产权的话，科学技术人才也无从说起，增加研究开发者的数量，其质量也必须提高。可是，科学技术人才不仅仅是这些问题。还有只是在研究室穿着白大衣的人不能称为科学技术人才，就是说娴熟运用与其他领域能融合的人才才是科学技术人才。能增强知识产权的知识产权专家才是科学技术人才。

如果视野能扩展到这种程度，所谓 25 万亿日元资金如能用来促进技术实用化，使技术成为商品这样的产业结果，国民也会得益，同时，增加交税金额也等于投资的 25 万亿日元全部可返回。这样的考虑终于得到大家认可。

➤ 知识产权专家的主角——专利代理人

专利代理人作为知识产权专家的主角活跃着。2003 年专利代理人的考试合格率是7.8%，要取得这个资格是个难关，以前每年能考上的不足100人，不过，最近有显著增加的倾向，1年有700人能合格了。

关于专利代理人稍微作一些说明。专利代理人主要工作单位是专利事务所或企业的知识产权部门。业务最多的是接受企业的委托申请专利的"申请代理"。专利代理人的水平好坏决定了该专利申请范围是成为广和强，还是该专利申请范围成为窄或弱。在此之前作为专利是否能被授权，专利代理人的水平好坏也有很大影响。现在需要有理解关于新技术能力的专利代理人。

另外，如果从其他公司收到专利侵害的警告时，需要对实际状态进行调查，或者对特许厅的决定不服时提出异议也成为专利代理人的主要业务。还有，如果接受一定的进修，专利代理人对专利侵害也可进行诉讼。特别是近几年，专利的国际申请在增加，涉外的工作也很多。

以上论述了专利代理人的量和质，但是一般来说，现在的专利代理人的业务现状还有待提高。比如在日本约有6000名专利代理人，1年有40万件专利申请。其中，2/3能到审查阶段，其中的一半能被获得专利授权。总之，40万件中的1/3，即约13万件能合格。与此相比，在美国的申请件数是35万件，作为专利能授权的件数是17万件，与日本相比多不少。

日本的专利代理人，大体上就等于作为申请专利代理人使用。因为处理申请件数多的话，收入也能增加，所以产生了在申请之前是否充分检查的现象。作为国家重要的事业，是希望获得强的专利。为此，在申请前，需要专利代理人充分地调查，提高合格率，不超过美国的一般水平不行。

在专利的审查中主要的判断基准如下：

① 是否利用了自然法则的技术思想；

② 产业上是否能利用；

③ 在之前，那个技术思想有没有存在；

④ 相同技术领域内的人能不能容易理解那个发明；

⑤ 比别人先申请了吗？

根据特许厅的分析，被拒绝的理由半数是上述第⑤种理由。如果事先能做一些认真的调查，别人已经申请的专利是完全可以避开的。被拒绝的申请件数是全部申请的一半，这个结果的确让人吃惊。而且，从分析结果来看，被作为拒绝理由是使用了平均8年前已经申请的技术。这样的话，合格率不可能提高。

如果专利代理人在接受专利代理申请委托时，就能清清楚楚地劝告委托人说"这个申请即使提出也不行"，因为这样可节约经费，也可避免浪费时间等，对企业和研究人员来说是应该感到高兴的事。如果仅仅是"因为被委托了就去申请"，这样做太不负责任了。

➢ 专利代理人不是代书人

关于申请专利，不一定需要委托专利代理人申请。可是，因为手续烦杂，委托专利代理人变得理所当然了。以前为驾驶证的申领和更新，一般也使用代书人的，那是为了方便，没错，那是一个为方便大家进行申请的社会制度。而现在，代书人减少了，大家都是自己贴照片，填写必要事项。

不过，并不是说别使用专利代理人。而是想说不要只是自己决定申请内容，为了确实能取得专利，为尽可能取得稍微强一点的、范围宽广一点的专利权利，去获得作为专家的专利代理人帮助。专利代理人不是代书人，如果这样想，自然而然地能提高辨别专利代理人能力好坏的眼力。因为谁都想把重要的工作拜托给优秀的人才。

著者所寻求的专利代理人是对技术精通的专利专家，而且，寻求每天追赶技术进步的专利代理人。"要是这个就能成专利""如果这个技术能取得专利，将来实用化时一定能胜过竞争对手"等，著者想要的就是这样懂技术的、能鉴别技术的专利代理人。

另外，著者的要求是，还需要兼备贸易才能的专利代理人。作为专利不仅仅被授权就完事了，还有前面的那个商品化也要仔细看好，与市场需要、期望相结合的畅销商品是否能生产等，希望兼备这种素质的专利代理人出现。

今后，专利的申请不会只集中在所谓的大城市地区中，中小企业的需求也会不断增加。客户不仅仅是制造业还有服务行业，在各种行业中都会扩展。还有，需求不仅仅是申请专利代理，还有许可合同及知识产权战略的筹划等。在大学中所说的知识产权的创造、权利化和技术转让，各种各样的阶段都需要专利代理人。在这个过程中，只有专利代理人不变这样的事是没有的。

因为谁都想培养出更多的能活跃在知识产权战略时代、高度专业性的、如字面所示的、专业化的专利代理人。

如果人数增加，竞争就会开始了。没有竞争，在垄断之下，人就会盘腿而坐。这样是不行的，如果竞争激化，作为买卖的原则就变得需要差异化。比如同样的技术，某专利代理人对 IT 精通，另外的专利代理人对生物精通，这样就会产生各有特色的专利代理人并加以区别。如果变成这样，委托申请也可以进行选择，委托也就变得容易起来。

➤ 期望有更多的对涉外专利精通的专利代理人

再有一个问题是，今后需要的是具有国际性知识和理念的专利代理人。多数企业是瞄准国际市场进行贸易。如果是这样的话，不仅仅是国内，还有在海外的技术是不是也需要被保护就变得非常重要，需要重视和解决这个问题。并且需要熟悉外国的专利制度和精通在外国取得专利方法的人才。不仅仅是这些，还必须考虑在海外发生专利纠纷问题时如何处理，懂得怎样的方法能有效地取得专利。

在日本的专利代理人中也出现了除日本以外对美国精通，或对中国等亚洲国家精通的特色专利代理人。现在也出现了建立海外的专利代理人事务所和协作关系，或作为国际专利事务所从海外有影响的专利代理事务所招揽业务。这样专利代理就变得更丰富多彩，人数也会增加。今后不仅仅需要有对美国专利精通的，还需要有更多对中国、韩国、欧洲专利精通的专利代理人。这方面的专利代理人的资质培养，可以说是比人数培养更重要，这个问题已成为紧急议案。

日本企业如果进入中国，必须首先使用在中国的专利战略保护知识产权。如果不这样，技术会被简单地偷走。幸运的是，现在中国专利制度也在调整。但是还有不足之处，需要有对中国专利制度精通的人才，不仅仅是申请取得专利，还有权利受到侵害的时候，也要重视应该怎么处理的方法。不同国家处理方法当然也不同，关于这个问题也需要学习和研究。

还有，在日本取得专利的内容必须翻译成中文。这个不是谁都能干的，对普通的翻译人员来说，技术翻译是很难的。用英语以外的语种能翻译这个技术的人才非常少。专利代理人不必精通到这种程度，不过今后会有预先确立这种人才网络的要求。只是仅仅明白该国家的语言会产生很多的误译。无论日本这边怎么主张，由于其主张在中文中未体现而被中国法院严厉拒绝的情况实际上也是存在的。

再重复一下，专利代理人不是代书人，也不是单纯的专利申请代理人。专利代理人必须精通专利和实用新型，专利代理人是企业的好顾问。

在美国，活跃着被称作"创意猎手"的人们。"创意猎手"对大学的研究成果十分关注，通览全部被公布的论文，发现能成为贸易的、划时代的研究成果，会向研究人员打招呼，主动提供资金邀请创业。一般研究成果的专利，不是研究人员的个人成果而是归属大学。这样的话，"创意猎手"会招募投资创立新兴企业，与大学签订许可使用专利的许可合同。作为回报也邀请大学成为股东，并支付专利权使用费给大学。

虽然在日本"创意猎手"也是少数，但是也有这样的"创意猎手"存在。大多数是独立的新兴企业家。不过，只要与投资家接上关系，专利代理人也可以成为"创意猎手"活跃起来。

➢ 知识产权审定也成为有力的武器

所谓知识产权审定是指由日本专利代理人协会作为主办方，由知识产权教育协会实施的审定，其目的是发挥学生、社会人员、研究人员的知识产权智慧，对有关知识产权部（法务部）职员的知识产权能力进行评价。

在这里被评价的知识，大致可分为法律知识和实际业务知识两个方面。在这些知识里面，审定业务主要是以必要的知识、经常需要的知识为中心进行审定。

这个知识产权审定一年实施两次，2005 年第 2 次审定在 11 月6 日实施。应试者总人数累计突破了 1 万人。据说来自广播、信息、通信这样的服务行业的应试者在不断增加。

一级（专利）审定是把从属于企业的知识产权部门或法务部门的有实际业务经验者、专家作为对象，把高度的专利业务能力的测量作为目的来认定，分"一级"和"准一级"（A～C三个等级）。

还有二级审定作为知识产权领域的不仅仅是有实际业务经验者，还有"研究开发的工程师""负责企业计划者""负责企业的销售者"等广泛的人才层次作为对象。特别是来自研究开发的工程师部门的应试者好像增加了。另外，学生中的应试者也有增加的趋势。例如，大阪工业大学知识产权系的学生有团体一起参加应试的情况。

在这个二级审定中导入了学科检查制度。除了以前的二级审定内容之外，把出题领域分成"专利""外观设计和商标""著作权和反不正当竞争法及反垄断法等"3个科目，实施各自领域的学科考试。这个制度的第一次审定是从2006年开始的。今后，在企业中从测定职员能力的意义上讲，利用知识产权审定制度的需求会增加（参见表4-1）。

表4-1 "知识产权审定考试"的要点

○ 知识产权审定

所谓知识产权审定就是从企业活动实际发生的知识产权有关的事例中，发现"问题"作为课题，为了解决这些"问题"所需要的能力（知识）而设定教育基准，阶段性地认定有关应试者对于知识产权问题的发现和解决能力的审定考试。

在实施考试种类上，有一级（专利）、二级。在二级科目中有接受检查制度，根据不同的申请领域也可以分为3个科目（专利、外观设计和商标、著作权和反不正当竞争及反垄断等）。

一级（专利）是有关知识产权（主要是专利）事务性的实际业务经验的法律和实际业务的专家应该具备很高专业性的知识。二级是一般的有关知识产权、普通的社会人员和学生等应该有的、需要的知识测定。

○ 接受知识产权审定考试者的主要来源

实施考试种类	应试者类型
一级（专利）	在企业、大学、研究所等负责知识产权的法务者中有实际经验者、专利代理人等
二级	负责知识产权的法务者 进行高新技术开发的工程师和研究人员 负责企业重要课题的风险管理者 负责处理信息的营业部门、宣传部门者 负责各部门的管理者 准备就业的学生 今后想取得专利代理人资格和律师资格者

○ 活用例子（二级）

活用法	应试者	具体例
证明自我的能力	全部社会人员	作为今后提高工作能力一步的利用，掌握有关保护自己的知识产权状况的技能
	准备就业的学生	作为求职时自我表现特长的利用
作为确认自我的知识产权人才的知识和能力的方法	负责知识产权和法务者	提高发现实际业务上的问题以及解决问题的能力
	技术开发的工程师和研究人员	理解本公司的技术（权利）和其保护、利用的流程
	负责风险管理者	掌握主要有关知识产权的风险管理能力
	负责部门管理者	掌握为制定经营战略需要的知识产权的知识
	想取得专利代理人资格者	在向专利代理人考试挑战前确认一下自己已经学习的成果
能力评价	企业中采取让团体接受知识产权审定考试的措施	• 作为人事考核项目导入 • 掌握各事业部门的知识产权能力 • 验证进修的效果

○ 各级出题范围和水平

一级（专利）	出题范围	知识产权法（专利、实用新型）和反垄断法、民法等
	合格水平	● 作为知识产权部、法务部的知识产权（主要专利）负责人能圆满地执行业务 ● 能发现有关知识产权（主要专利）的问题，配合协助专利代理人 ● 研究人员（工程师）关于对自己的发明创造，权利化和活用，能与知识产权负责人向专利代理人咨询及协调
二级	申请范围	知识产权法常识及反垄断法、民法等（在应试科目检查制度上申请范围分为"专利""外观设计和商标""著作权和反不正当竞争法"的3个科目）
	合格水平	在自我的业务活动过程中，能发现一般的有关知识产权问题

○ 关于实施

原则上预定一年实施两次考试。

○ 应试者资格

对一级、二级没有特别规定。但是，把二级合格作为接受一级审定的前提（在二级合格上，不包括准二级合格及二级科目考试合格）。

总而言之，为了调整培养知识产权专家的结构，现在以各种各样的形式在进行。培养知识产权专家需要花费时间，不过，不抓紧去做就不能适应社会的需要。但是，作为知识产权专家，与专门技术职务不同。即使作为担负今后日本的知识产权立国的贸易人员，如果能把成为知识产权专家的道路作为自己经历的目标之一是幸运的。靠专利挣钱或靠内容商务挣钱，著者希望他们拥有那样的智慧。

　　培养人才需要花费时间和精力，绝对不是简单的事。可是，如果不去做，国际竞争力就不能提高。美国因为有很多知识产权专家，所以好莱坞能制作很多电影。支撑这个结果是由于有关知识产权律师的存在，因此，日本在人才培养的国际竞争中不能再输掉了。

第 **5** 章
从专利开始的知识产权战略

➢ 方便取得专利申请的手续

"专利"一词，对不熟悉的人来说，好像是相当专业的用语，认为难以理解。其实没有那样的事，如前所述，所谓专利仅仅只是对研究人员和技术人员创造出来的发明好好地给予尊重与保护，其精神是非常朴素无华的。

尽管如此，如果手续上看起来复杂，那么就不是好的制度，必须加以修正（参见图5-1）。

如果能创造出好的发明，向特许厅提出申请，然后经特许厅审查官的审查，如合格了就作为专利被登记。这是基本的申请手续流程。

现在专利的申请，在网上也能进行。如果使用特许厅免费发布的个人电脑版的申请软件，填写内容也不会丢失。

一般人以为如果申请专利，提出申请后特许厅会马上进行审查。其实不请求审查是不会被审查的。为什么会有这样复杂的手续？因为相同的专利谁先申请就给谁，所以谁都想尽快提出申请。尽管将来是否能被实用化谁都不知道，不过首先提出申请，预先确保申请日，这种"先提出申请再说的专利"在日本很多。为了给申请人再次考虑是不是真的想要专利的机会，在提出申请后经过考虑如果依然还是想要专利的，希望给予审查意思的表示，这就是日本的"请求审查制度"。

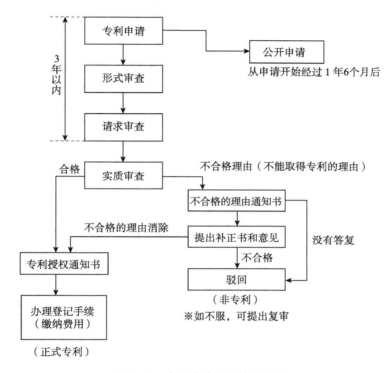

图 5－1　专利申请登记的流程图

注：※是要简略化的流程。

　　这个审查请求期限为 3 年，从申请之日起计算。如果请求审查整整用了 3 年，从审查请求按顺序等候和得到合格与否判断的过程也需要 3 年，这样加起来，共计从申请到知道合格与否的判断结果要平均花费 6 年时间。最近，请求审查时间成了 7 年，所以这个请求审查时间其实是 10 年。该请求审查时间即使被缩短 2/3 还是非常长。

　　在著者担当特许厅长官时考虑的是，先不说关于专利申请客观上所需要的时间，也不讨论是不是真的需要平等地按顺序排队？

就像医院也有需要急救的病患者必须马上着手治疗一样，专利也有这种需要。虽然专利申请与患者没有可比性，不过在某种意义上也有相同的地方。总之，有很想将专利尽快实现实用化的和不着急专利实现实用化的情况。专利申请方的需求有先后的程度，所以引入了早期审查制度。如果利用这个早期审查制度，从请求审查开始到获得审查结果只要 3 个月左右就行了。这个早期审查制度，不发生追加费用，申请手续也简单。

能成为早期审查制度的对象有：

①自己或让他人已经使用该发明并实际制造、销售着这些产品等；②个人或者中小企业发明；③大学的发明；④去外国专利局申请国际专利。

对中小企业来说，申请专利一事如果仅仅为了得到能否被授权的结论就要等好几年的话，那么公司可能会破产。因此，如果有专利需要申请，全部可以利用早期审查制度。现在，利用早期审查制度的件数上升到约 6000 件。那些中小企业在申请专利的时候，同时提出申请早期审查就可以了。

著者在给中小企业演讲时，也呼吁这个制度。在给中小企业的演讲会上，埼玉县的中小企业经营者知道有这个制度后，实际利用了这个制度，从申请算起用了 6 个月就取得了专利，实现了早期实用化的目标。当著者看到他的感谢信时感慨万分。

对中小企业来说，关于申请专利的事，首先周围人肯定有半信半疑的看法。如果实际上真的有申请中的专利，会被周围人认可"该企业确实有技术能力"。"专利申请中"这个词语也能刊载在宣传手册和网络主页上。尽管也有点真假不能肯定，但是如果实际上能取得专利，谁都能服了，信用也会增加。专利就有这样的效果。

以前，常常可以看见"专利申请中"这个提示。如几年里该提示不变化的话，这样的事态是不正常的。为了让该企业尽早能写上"已经取得专利"，特许厅也正在努力中。

特许厅职员的意识也确实发生了变化。很多职员也理解了对企业来说专利就是生命线，因此忙而拖拉、应付了事的人也减少了。

如果关于自己发明的内容希望当面说明给审查官听，也可以进行面试审查。还有，把对全国各地区新兴的中小型企业、大学、TLO 的支援作为特许厅的工作目标之一，让特许厅审查官出差去全国各地的面试会场提供巡回审查服务。

还有请求审查费和专利费的减免措施。把缺乏资金的个人、法人及研究开发型中小企业、大学等研究人员作为减免对象，可以请求审查费和专利费（从第 1 年到第 3 年的部分）免除或减半。为了有效地活用这些制度，在 2006 年度内将审查费和专利费减免制度编入了适合辅导中小企业、新兴企业的功能电子申请软件（参见图 5 - 2）。

- 成立工业知识产权信息进修馆咨询部（独立行政法人）

现在有发明想法和创意，但不知怎么做才能权利化者，想申请专利，但不明白手续者都可以利用。设立窗口、电子邮件、电话等服务。

- 设置申请顾问

申请手续，共同利用个人电脑的用法，关于电子申请制度的咨询。申请顾问到全国的发明协会支部电子申请咨询室任专职，也进行出差咨询和指导。

- 支援中小企业专利先行技术调查

关于中小企业、个人的申请专利者，限定申请审查前的技术，按照申请人本人的委托，从特许厅托付给民间调查经营者，免费进行先行技术的调查，发送调查的结果。

- 请求审查费、专利费的减免措施

把研究开发型中小企业、缺乏资金个人、法人等作为对象，按照必要条件适用请求审查费及专利费（从第 1 年到第 3 年的费用）的减轻或免除措施。

- 早期审查制度和早期审理制度

图 5-2 实施适合中小企业、新兴企业的政策

注：以上内容是根据对中小企业、新兴企业《实施有关支援产业财产权对策手册》（特许厅）制成。

如果申请人是中小企业和个人的情况和已经实施发明的，那么提交"有关早期审查的情况说明书"，就可以得到申请早期审查、审理。

➤ 获得专利不是最终目的

因为技术是无形的财产，不用法律预先给予保护，如果被人偷了也无法证明。作为商业秘密应该也有方法可以保密到最后，即申请专利的方法，但不公开秘密。因为要防止商业秘密不被盗窃和流出并不简单，所以应该好好考虑通过获得专利进行保护。在申请专利的时候，首先要好好地明确其中的内容规定，如果有点暧昧的话，之后效力有可能不太强。

其次重要的是取得了专利并不是专利的结束。能产生贸易的专利才是专利开始第一次产生效力。换句话说，在专利被实用化时，当然会遇到技术结果的产品是否真的被市场所接受的营销风险和贸易风险。这种商品化后的风险可以说在取得专利之前就应该预料到的，对取得的专利没有利用计划就太可惜了，那才是最大的浪费。

最后重要的是需要经常更新技术。因为产品应该有更新和升级，型号也会改变。所以希望作为产品基础的专利等知识产权也应该有随之增长的意识。有这样的意识，才能在竞争中生存下来。否则，无论取得多么好的专利，如果停留在那里不变，不久的将来，就会不知不觉被其他公司所淘汰。

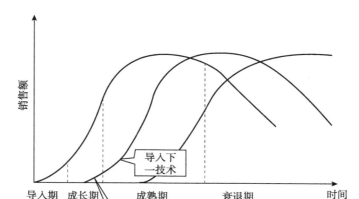

图5-3 产品的生命周期

产品有生命周期（参见图5-3）。导入期、成长期、成熟期，到缓慢衰退期的S形曲线。在头脑里除了有关知识产权，也需要关注这个产品的生命周期，而不是自然而然地任其流向成熟，走向衰退这样一个过程，在成长期要准备下一个技术，在成熟期就需要开始对新的技术的导入期。这也许才是所谓技术和企业的共同成长。

对已经取得的专利加上新的想法和创意使之进化再获得专利。这样的话，有关其新的部分则把专利保护期又重新变成了20年。这样战略性地延长技术的保护期也是关键点。

➢ 地方自治组织开始了知识产权战略的行动

中小企业在海外的知识产权从被侵害到能保护这些权利，是因为国家和地方自治组织也开始伸出帮助之手。如东京都对去外国申请专利的费用提供补助。在补助经费中除了外国申请专利费用之外，还包括在外国的专利代理人费用、翻译费等。补助这些经费的 1/2 以内（300 万日元为限）。

关于爱知县，中小企业利用在国内已经提出申请的专利为其安排在外国开展专利申请。在外国提出申请时，补助申请经费的 1/2 以内（150 万日元为限）。

企业的财产是国家的财产，也是地方的财产。保护在外国的这些财产，是国家和地方自治组织的任务，这种意识开始出现，并不断深入人心。为此也正在活跃地进行这样的活动。

东京都对在外国的知识产权权利被侵害的调查费用进行补助。这些补助费是用来确认调查在外国关于本公司产品的模仿品，其产品的知识产权权利被侵害的事实，被侵害产品的鉴别及对侵害公司提出警告等对策时，补助调查费用的 1/2 以内（200 万日元为限）。

根据都道府县的不同，补助的内容也不同，而且并不是全部的都道府县都有这样的补助制度，遗憾的是，这样的制度存在还没有被充分地宣传。

在全国的都道府县，有以"知识产权中心"形式提供有关专利的咨询服务。比如，中小企业的经营者如果到咨询窗口去咨询本公司拥有的技术是否能成为专利的话，那么在咨询窗口的专利代理人会给出指导和建议。这种方便的服务，在不同的自治团体中因为专利代理人数不多，所以也有使用不方便之处。为了充实这样的服务，需要增加专利代理人的人数。不仅仅是绝对的数量，还有专利代理人偏向大城市这个问题也必须想办法解决。最初的咨询如能使用互联网和电话进行那就更好了。

也有这样的例子，如岩手大学的工程系教授们，在县内提供巡回方便服务。在各种各样的地方组织中小企业的人们举办学习会。这是"草根"活动，著者认为这样的活动是非常重要的。大学老师从象牙塔走出来，去贸易现场寻找研究的"种子"。而对中小企业来说能得到宝贵的指导和评价，中小企业之间也变得可以互相流通知识产权。这样的活动形式今后变得越来越需要，特别是地方的国立大学法人，这样对地方的贡献也应该是国立大学存在的意义。因为如果能对本地的中小企业提供帮助，那应该是对地方非常出色的贡献。所以期待从那样的活动中产生下一代的索尼、松下电器和本田。

地方自治体在发生变化。如果大学能发生变化，地方也会变化，这是肯定的。国家需要扶持这种活动。

即使咨询服务，根据地方的创意、办法不同，利用率也会不同。如果互相能交换那些数据和智慧，大家都能变得好起来。因此要提高服务的质量，积极地做好宣传，也要进行巡回宣传。必须设置这样的组织结构才行。

➤ 从日本政策投资银行看知识产权抵押融资

计划利用专利实用化从银行得到融资的，对没有土地的中小企业来说与银行商量融资是困难的。日本的银行把抵押主义作为基本，不过，现在总算开始转变了。因为土地价格跌落，慢慢地开始出现比土地更好的是有价值的技术的想法。这种变化的背景是因为有被土地神话操纵的银行出现了大量的不良贷款，倒闭的银行也开始出现。

不是说有了土地就行，就为某个项目提供资金，是否能归还资金的判断也是必要的。日本银行也总算开始认识到了这样一个理所当然的事实，开始对技术开发或专利的实用化进行融资。

问题是，日本的银行融资担当者很少能对技术进行鉴别。能对技术进行鉴别的融资担当者在与不在，可以说是美国和日本的差距所在。

在美国，理科出身的人才在银行工作的很多。他们担任技术鉴别，所以有技术审查能力。他们会说"要是这个技术就能实用化""根据这个技术如果能制作产品就能畅销"。与此相比较，日本的银行职员都是文科学校的毕业生，只会担任做有土地抵押的计算。因此，对于日本的银行来说，特别没有技术审查人才的储备。

日本政策投资银行作为先锋，已经对本书中所说的专利和著作权等知识产权本身抵押进行了融资。该银行是由政府100%出资的国营银行，对知识产权的融资业绩已经超过了160亿日元。

例如，在2003年日本政策投资银行对PENCIL股份公司进行了融资。要问用什么作了抵押的话，就是用了该公司的互联网门户网站作了抵押。PENCIL股份公司是1995年在福冈市设立的有关IT的开发型企业。除了门户网站的企业计划、成立和运营以外，作为业务展开的是对企业提供网站主页的服务和在搜索站点排名的表示，以及在网络上进行顾客的招揽和分析营销系统等服务。该公司成立时，进行了对企业主页广告效果的即刻测量系统开发，日本政策投资银行提供了该系统的开发资金。同时，该公司把本公司所有的客户运营网站有关"保护头发方法的指导"的商标权和域名所有权的权利作为抵押。

日本银行不仅没有鉴别技术的能力，也没有鉴别内容的能力。在美国从很早以前就有"银行职员是能读书的职员"这个说法。这里所说的书是脚本和原作的意义，读书后，可以作出其内容作为电影是否受欢迎的鉴别决定，这才是融资的意义。

日本政策投资银行也开始对动画制作资金实行融资了。例如东京三菱银行作为协调，对GONZO股份公司制作的新动画片作品进行了融资。该策划如图5-4所示，通过设立著作权一揽子管理的SPC（特别目的公司），①不仅防止了著作权的分散，而且提高了有效利用的可能性；②作为融资对象，通过项目的前途判断基准也可以从外部的投资家筹措资金。这是动画制作资金筹措新的方式，也能促进著作权的一元化管理。在这个意义上讲，确实可以说是划时代的策划。

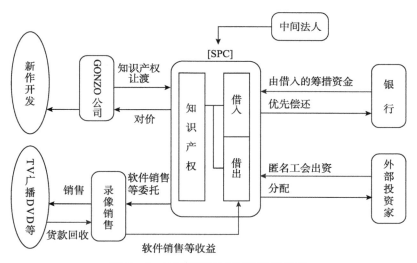

图 5 - 4 知识产权资金融资的策划图

注：以上是根据日本政策投资银行的资料制作。

还有，东京三菱银行对 Nichigai Associates Inc.（日外アソシェーツ社）与横滨银行联合进行了联合贷款，对有关该公司的客户信息、销售数据库设定了抵押，这是数千万日元的融资。为开发网络的安全程序项目，该公司把开发的个人信息保护程序的著作权作为抵押实行了融资。

另外，各都市银行也开始了知识产权抵押融资业务。例如埼玉 Resona 银行把教材的著作权作为抵押，Minato 银行把专业冰球队的商标权作为抵押，UFJ 银行把建筑施工方法的实用新型专利权作为抵押等。据说瑞穗银行策划以动画收益作为提供制造作品资金的依据，到现在为止，为 90 部作品共计提供了约 20 亿日元融资。

➤ 受人瞩目的知识产权信托

资金方面政府投入的力量是为了让知识产权也能开展信托业务，让知识产权的信托业务成为可能的信托制度。2004 年 12 月，日本修改了信托业法，解除了普通的事业公司不能办理信托业务的禁令，将至今为止限定的土地和资金、有价证券等 6 类信托财产对象，扩大到知识产权等全部的产权。知识产权变得像股票一样，也能办理信托。这样，在金融世界意味着知识产权终于被认为是有财产价值的东西了。

例如，东京都大田区的建筑机械零部件制造厂 Tokiwa 精密机械公司。它是制造飞行员模型的精密机械公司，在国内成为知识产权信托的第一个案例。当时的 UFJ 信托银行，以信托的形式受托了该公司所有的专利（简介为 power shovel 等被使用的油压配管的制造工艺的手法）（参见图 5 –5）。

关于大田区的例子

〇（财）大田区产业振兴协会和三菱 UFJ 信托银行协作

〇 TMI 综合律师事务所作为顾问参与计划

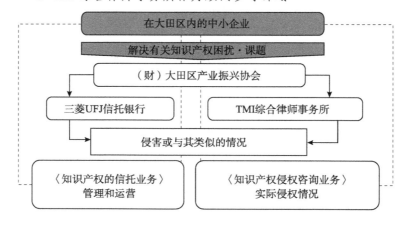

图 5 –5　知识产权信托的模型事例

简单地说，就是三菱 UFJ 信托银行运用和管理该专利。其结果是 Tokiwa 精密机械公司利用该专利，公司进行的事业依然不变，但是，由三菱 UFJ 信托银行进行代理支付专利的年费等付款事务。实际上专利被侵害时，三菱 UFJ 信托银行还担任对侵权方提出警告和诉讼对策等。由于三菱 UFJ 信托银行是著名的企业，信托银行成为侵权方对手，这样也对侵犯专利权者产生了威慑力量，并且，也可以让其他的零部件制造厂利用这个专利，Tokiwa 精密机械公司作为权利方可以收取专利权的许可使用费。信托银行也负责专利许可时的特许合同书制作。Tokiwa 精密机械公司的木村洋一社长感慨地说："本公司重要的专利这样委托给信托银行有放心感，信托银行好像是被设置在公司内的知识产权部的感觉。"

包括在第 3 章介绍的内容基金，可以说，至今为止与资金无缘的知识产权领域，现在走上了与钱很近的道路。

日本现有中小企业和新兴企业综合支援中心。这个中心对开拓新项目的企业给予补助，向投资项目有限责任工会提供资金，这里，增加了对专利提供资金这个选择。

例如，熊本县熊本市的 Trans Genic Inc. 公司主要从事特别抗体（生物试剂）和破坏基因实验鼠的开发，是把基因功能分析数据专利化和销售作为业务的公司。从创业开始的仅仅 5 年之间获得了"中小企业厅长官奖（表彰创业和新兴企业国民论坛事业）""新贸易大奖优秀奖（新贸易协会）""文部科学大臣奖（日本工业报社的日本生物新兴企业大奖）"等，如上所示的那样，是一个得到很高评价的技术性公司。

从生物贸易公司变成制药公司出售产品，制药公司要花费 8 ~ 10 年的时间，因此，研究开发需要庞大的资金。可是，对这样的企业，对其拥有的专利或申请中的专利提供资金，想从市里的银行得到融资是极难的事。为此中小企业支援机构给予提供资金。

像这样的事例也开始出现了。

由于专利变得能引进资金，今后专利将成为越发重要的财产。

但是，需要重复一下，不是说专利申请了就行了，也不是说专利取得了就行了。该技术如果不比其他公司强的话也不行，另外，也需要该技术的商品化和实用化计划也必须可靠。如果不是那样的话，出资或者融资的一方也会担心。毫无疑问，仅仅有技术但没有土地这样的公司和个人也可以充分筹措资金的时代已经到来。

➤ 如果仅仅是保护技术的话，在贸易上是不能取胜的

1970 年之前，IBM 公司没让其他公司使用其全部的专利。之后才变得承认其他各制造厂商制作 IBM 电脑兼容机。尽管如此，如本书第 1 章所阐述的，IBM 公司为保护本公司的专利连美国的 FBI 进行间谍搜查方法都使用上了。

然而，机灵的日本人以便宜的价格能制作出那些产品，这使 IBM 公司感到了危机，为了不被外国企业赶上，除核心技术之外，其他全部被 IBM 本公司开放了。业界的领头公司依然是 IBM 公司，其他公司总是处在第二的地位。然而，像微软和英特尔一样的公司登场了。为了必须战胜它们，IBM 公司总是考虑新的战略。IBM 公司的专利战略随着时代的发展而改变。

与以前不同，因为很多产品是追求多功能性的，如便携式电话机和数字照相机外观紧凑，诞生了许多可以说是复杂的技术集合的产品。于是，需要的专利件数从数百到数千地膨胀。如果这样的话，一家公司的专利维持其产品的全部专利无论如何也是不可能。因此各种公司聚集在一起，利用各自的进出口许可证进行交叉许可。

交叉许可，在第 1 章中已经阐明，确实要以双赢的关系作为

前提。如果拥有其他公司没有的强大专利，就能构筑为自己方便的关系，反之，如果只有弱小的专利也不可能成为合作伙伴。有强大的专利的人们能相互更紧密合作。因为有好的专利，就可以引来另外更好的专利。

在以前，所谓专利是独占技术，设法不让他人使用技术方法被看作上策。不用说，这方面的问题确实存在，不过不仅仅是那样做才是保护技术方法，还有让人使用那些技术来拓宽市场的方法也是保护技术方法。在需要复杂综合性的技术和经验技术的时代，仅得到其他公司专利的使用许可是有限的，还不得不支付昂贵的使用费。正因为如此，自己也必须拥有强大的专利。如果有了强大的专利，就能通过交叉许可，不支付使用费就能利用别人的技术，这是逆转的构思。这个构思使专利池也变得活跃起来。应该组织所谓的协会（联合），但是这样的尝试最好先在日本国内进行。

在第 4 章论述了关于手机和高清晰度电视的标准化的失败一事。这是怎样的事呢？手机内有很多技术，但是这些技术没有很好地向外国企业开放，除日本以外其他国家都不能使用。关于高清晰度电视的技术，在日本"独自喜悦""自我满足"的期间，其他国家的另外一种技术被作为世界标准了。这样的事不仅仅对日本企业，对日本国民经济来说也是带来了很大的负面影响。

今后，日本必须成为领导世界标准的国家。这样说听起来好像要推翻前面所说的世界标准，著者要说的并不是这个意思，而是想说，日本确实不能只守护自己的技术，必须考虑怎么聪明地使用那些专利技术才行。

日本的制造业，每年从销售额中提取 5% ~ 10% 的资金投入研究开发。这是一笔相当大的金额。用这份资产建设工厂等看得见的东西，让那些工厂提高生产效率和营利性一定会使大家眼睛发亮。然而对不容易看见的研究开发，就不太被人耳闻目睹。

如果不带着危机感，研究开发能追赶世界上的成果的话，这样下去是不行的。为研究开发投入的资金，是否好好地用到开发强大的专利上？必须检查那个专利是不是为企业的经营做出了贡献。

后　记

➤ 知识产权战略推进事务局这支队伍

著者认为建立知识产权战略推进事务局（以下简称"事务局"）这支队伍可以说是时任首相小泉纯一郎改革的特色之一。知识产权战略推进事务局是根据以日本国民为本位的精神，由产业、学校和政府的成员所组成。

2003 年，在事务局刚开始成立时，著者向事务局成员提出三个要求：

第一，明确事务局的使命。所谓使命就是把日本建成"世界第一的知识产权立国"作为目标。除此以外没有其他。

第二，把国家的利益放在首位。摒弃自己所属的政府机关、大学或原单位的利益，齐心协力追求总体优化。

第三，保持创新企业精神。作为事务局的工作，肩负着"知识产权立国"大型项目建设的实际工程管理的责任。著者认为是这样。筹划知识产权战略，所谓实行确实是一项构筑日本社会基础设施的工程。

虽然政府各级行政机构耗费了大量时间，到最后很多成果的效果都打了折扣。站在政府的立场，做到知识产权立国，制定和实施彻底的品牌设计战略，作为这个工程项目的管理者，需要尽到最大的努力。为了有效地、合理地进行这个工程项目管理，大概有 30 名主管，简直像风险型企业的创业者一样，废寝忘食、勇猛奋斗。今后他们也将一如既往，继续努力下去。著者认为这个组织在日本以前没有存在过，是一个极为特殊的组织。

在事务局成立之前为止，遇到很多的困难，但是我们跨越了一切障碍。因此著者想称事务局的成员为"战友"。

至现在为止，我们也取得了很多成果并得到了很好的评价。但是在此也应该特别一提的是，日本知识产权高等法院的成立。其实当初，这个设想遭到了财务省和法务省的反对，理由是"以现行的制度足够了""花费过多钱"等。经历无休止的议论后终于看到了光明。

著者认为专利审查的快速化也是一大成果。在提倡建立小政府的现在，日本特许厅从原来的 1100 人又增加了 500 名专利审查官。计划要建立 1600 人的专利审查官体制，这是个划时代的计划。

➢ 今后的知识产权战略

从 2003 年开始的 3 年被认定是日本知识产权战略的第一期。接下来的 3 年，也就是从 2006 年到 2008 年是第二期。第一期是基础巩固的时期。制定了在各大学成立了知识产权本部，在司法界设立知识产权高等法院，在海关强化了侵害知识产权的取缔等制度，建立了作为基础设施的体制。

第 2 期终于得到了利用该体制取得成果的机会。如果没有提高和增长，制定什么制度都是没有意义的。

首先在 2006 年对知识产权改革的推动投入力量。在财政紧缩的潮流中，只有科学技术预算增加了，必须研究开发对社会有用的技术才行。在此，要把对研究人员的奖励作为重要课题，要建立让研究人员在经济上有确实回报的结构体制。

为此，需要强化大学的知识产权创造体制。大学的知识产权本部和 TLO 应一体化，推进发展产业和学校的联合，博士后要与教授和副教授一样也应该作为减免申请专利费的对象。

还有，中小企业和地区的振兴也要作出努力。不论是研究中心，还是大学，如果有可能日本也想创造很多的硅谷。幸运的是，以前日本的国立大学改为国立大学法人，开始面向本地，为本地做出贡献、投入力量。需要制定为了发展国立大学与所在地区的中小企业容易结合的规则和援助体制等。

另一个主题是国际化。到现在为止，知识产权说起来主要是面向国内。关于在国内如何取得专利仍然是讨论的中心。然而现在是去国界化的时代，虽然国内的专利战略非常重要，但是必须推进知识产权的国际化，在国际社会中必须排除对自己知识产权的侵害。因此，必须推进世界专利发达国家的专利，而且要制定抵制仿制品和防止盗版产品扩散的条约。

内容商务依然还是非常重要。电影和书籍、电视节目和音乐、漫画和动画片，这样的东西要更进一步振兴。如在本书所叙述的，艺术家、作家或者导演的艺术文化活动要与贸易结合，同时在结构和体制的制定上也要下功夫好好研究才是。

并且，比什么都重要的是知识产权人才的培养。以各种各样的方式促进进修和增加教育机会。制作需要的教材、明确教育的框架、构筑谁都能轻松愉快地学习知识产权的基础设施。

下面提出一些今后的课题。

➢ 规划一下知识产权立国的未来

在知识产权战略中，著者的愿望是有极好的发明和创作活动，建立一个知识产权权利者能被尊敬的社会。

说到尊敬，不是感到敬意就可以了。必须承认其发明和作品确实是知识产权权利者个人的财产。必须建立权利者得到发明、创作的奖励和使用费是理所当然的，并可作为正当报酬的社会。

当然，保护个人的权利也是表示尊敬的方式，也是专利权和著作权基本意义所在。但是这种机制应该是与时代一起变化的东西。保护个人权利的同时，把发明和作品作为社会公共财产也是很重要的，因此，比如专利权和著作权的保护期限定多少年才是妥当？严格保护权利到哪种程度才能说好？绝对不是固定的概念。著者认为关于这种平衡需要经常验证。

而且，日本在世界上要实现最先进的知识产权立国，怎样的制度才是最合理的？构筑制定世界通用标准的日本模式正是我们的奋斗目标。

关于怎样制定国际战略？著者考虑关于日本与美国之间，应该尽可能早期缔结日美专利自由贸易协定，实现专利的统一化。

世界第一位和第二位的经济大国之间，已经是时候停止对同样的发明重复审查。确立使之互相认可的专利制度，即日本的发明在美国被保护，美国的发明在日本也被保护这样的结构。

已经不需要担心日本单方面被美国技术席卷这样的事。主要在于，美国有出色的技术，日本也有出色的技术。专利的互相认可对两国的研究人员来说、对消费者来说都会带来益处。

那么，怎么对待亚洲各国？如果看亚洲各国，像韩国和中国这样，其现有技术能力与日本的技术水平相当，当然比日本还大大地落后的国家也有。著者认为对于前者应该构筑健全的竞争环境，对于后者，必须提高它们的技术能力，日本必须支援这些国家使其产业快速增长。

最后，著者想借此机会对几个人表示感谢。

在知识产权领域来自民间的一些有志社，在制作日本的知识产权战略上，大家给予了非常大的帮助。其中特别要提一下御手洗富士夫先生，其一直为专利事业而奋斗，他利用专利使佳能公司得以增长，利用住在美国20多年的经验从国际视野的角度，给大家带来了非常宝贵的意见。著者与御手洗富士夫先生在 1999 年的杂志会谈上（PHP 研究所《Voice》，1999 年 2 月《技术和经营的世界战略》）认识以来，对这位具有世界性视野和特别经营哲学的持有者表示敬佩。虽然他很忙，但都能抽出时间来参加知识产权领域的每次会议，关于知识产权改革的理念和对策提出了自己具体的意见，在此表示衷心的感谢。

承蒙角川集团董事长兼 CEO（出版社·电影制片）角川历彦先生的鼓励，给了著者写这本拙著的胆量和勇气，时至今日依然得到他的帮助。角川历彦先生也是我们完成知识产权战略筹划的重要人员之一。特别是在内容商务领域，在同行中具有这样出类拔萃的知识和造诣的人特别少。不知在此这样说是否妥当，总而言之，感到其与其他电影公司的经营者有明显的不同。他非常重视知识产权，以电影产业为首，为了内容商务的近代化竭尽自己最大的努力。角川历彦先生担任了知识产权本部的工作，对每次会议，都能提出恰当的意见，真的非常感谢他。

在执笔本拙著时，对给予著者各种各样建议的角川书店出版事业部新书小组的永井草二主编和原孝寿先生也必须说一声感谢。

还有，著者的多年战友之一，作为知识产权战略推进事务局的调查主任伊达雅已先生，其充分地发挥了自己的技艺，在此感激不尽。

荒井寿光
2006 年 9 月